Das Kindergarten-Wörterbuch

Herausgegeben von der Dudenredaktion Kinder- und Jugendbuch

Erarbeitung der Wörterlisten und weiterer Materialien:
Dr. Sven Walter Institut für kreative Sprachförderung der GfBM e.V., Berlin

Bei den Kindern und Erzieherinnen der Kindergärten und Kindertagesstätten unseres Praxisrates sowie den Sprachförderbeauftragten dieser Einrichtungen, die uns bei der Erarbeitung dieses Wortschatzes beratend zur Seite standen, möchten wir uns an dieser Stelle herzlich bedanken.

Nach den ab 1. 8. 2006 verbindlichen Rechtschreibregeln.

Bibliografische Information der Deutschen Nationalbibliothek
Die Deutsche Nationalbibliothek verzeichnet diese Publikation in der Deutschen Nationalbibliografie; detaillierte bibliografische Daten sind im Internet über http://dnb.ddb.de abrufbar.

Redaktionelle Leitung: Katja Schüler
Lektorat: Susanne Klein
Autorinnen der Wörterlisten und Materialien:
Regine Leue, Dr. Sandra Niebuhr-Siebert
Autorin der Geschichten: Luise Holthausen

Herstellung: Claudia Rönsch
Layout: Horst Bachmann
Illustration: Miriam Cordes, Sonja Egger, Roger de Klerk,
Svetlana Loutsa, Martina Theisen und Catharina Westphal
Umschlaggestaltung: Mischa Acker
Satz: Matthias Liesendahl, Berlin
Druck und Bindung: Firmengruppe APPL, Wemding
Printed in Germany

ISBN 978-3-411-73021-6

Duden

Das Kindergarten-Wörterbuch

Dudenverlag
Mannheim · Leipzig · Wien · Zürich

Inhalt

Inhalt

Inhalt

Inhalt

Liebe Eltern, liebe Erzieherinnen und Erzieher,

ein gelungener Spracherwerb ist Grundvoraussetzung für den Schulerfolg. Was können Eltern und Erzieher/-innen dazu beitragen, um Kinder bei ihrem Spracherwerb zu unterstützen und ihren Wortschatz aufzubauen? Eine Antwort lautet: Eltern und Erzieher/-innen können den gemeinsamen Alltag mit Kindern sprachanregend gestalten. Kinder müssen ihre Umwelt erfahren, begreifen und selbst gestalten können. Und dabei soll das **Kindergarten-Wörterbuch** eine Hilfe sein.

Das Buch begleitet Kinder in ihrem Spracherwerb ab einem Alter von ca. zwei Jahren bis zum Schuleintritt. Diese Altersspanne umfasst die entscheidende Phase im Spracherwerb. Zu keinem späteren Zeitpunkt wird ein Mensch so mühelos eine Sprache erwerben. Eltern, Erzieher/-innen und alle diejenigen, die Kinder in dieser wichtigen Phase unterstützend begleiten wollen, finden in diesem Buch wertvolle Anregungen und hilfreiche Orientierung.

Im **Kindergarten-Wörterbuch** sind mehr als 3 000 Wörter thematisch zusammengestellt worden. Wörter zu einem bestimmten Thema, z. B. „Wo kaufen wir ein?“, können so in ihrem sinnvollen Kontext entdeckt und geübt werden.

Bei den im Buch enthaltenen Wörtern handelt es sich um einen von Expertinnen für den Spracherwerb sorgfältig zusammengestellten Grundwortschatz, der alle Wortarten umfasst. Aus Platzgründen wird meist nur die männliche oder die weibliche Form eines Wortes genannt. Es ist sinnvoll, die fehlende Form zusammen mit dem Kind zu ergänzen.

Die einzelnen Wörter sind immer einer von drei verschiedenen Lernstufen zugeordnet:

Rot für die **Lernstufe 1** (ca. 2 bis 3 Jahre);
Blau für die **Lernstufe 2** (ca. 3 bis 4 Jahre);
Grün für die **Lernstufe 3** (ca. 4 bis 6 Jahre).

Der gesamte Wortschatz ist in 16 Oberthemen aufgefächert, zum Beispiel **Unsere Familie, Mein Körper** oder **Essen und Trinken.**
Für alle Oberthemen gibt es ein eingängiges Bildsymbol oben links auf jeder Doppelseite, damit auch Kinder sich im Buch problemlos zurechtfinden können.

 **Unsere Familie**

 **Mein Körper**

 **Essen und Trinken**

Jedes Wort kommt in der Regel nur einmal vor. Wenn Sie ein Wort in einem Kapitel vermissen, dann steht es sicherlich bei einem anderen thematisch passenden Oberthema. So ist das Wort „Pilz“ beispielsweise nicht im Kapitel ESSEN UND TRINKEN, sondern im Kapitel DRAUSSEN zu finden.

Natürlich beherrschen die meisten Kinder viele weitere Wörter, Wörter, die im **Kindergarten-Wörterbuch** nicht enthalten sind, beispielsweise umgangssprachliche, regionale oder lautmalerische Wortvarianten. Der hier angegebene Grundwortschatz bietet den Kindern jedoch ein solides Fundament für ihren Schuleintritt.

Die Wörterlisten zu den einzelnen Themen werden durch kindgerechte Illustrationen, auf denen es viel zu entdecken gibt, und durch vielfältige Sprach- und Spielanregungen ergänzt. Die Illustrationen greifen die Begriffe aus den Wörterlisten bildlich auf und bieten daher viele Anlässe für ein Gespräch über das jeweilige Thema. Die Spielanregungen unterstützen gezielt den Spracherwerb und sind den drei Lernstufen der Wörterlisten entsprechend farblich zugeordnet. Sie können also die passenden Spielanregungen je nach Alter oder Entwicklungsstand des Kindes heraussuchen. Sollte ein Kind die Spielanregungen seiner Lernstufe spielend meistern, können Sie selbstverständlich auch die

Spielideen der nächsthöheren Lernstufe gemeinsam ausprobieren. Bitte beachten Sie dabei: Es handelt sich bei den Übungen um Anregungen, nicht um Lernhürden. Sollte ein Kind also mit seiner vermeintlichen Lernstufe Schwierigkeiten haben, können Sie auch die Anregungen der niedrigeren Lernstufe aufgreifen. Zusätzlich gibt es die gelb unterlegten Sprach- und Spielanregungen, die für alle Lernstufen geeignet sind und häufig über die Beschäftigung mit dem Buch hinausgehen.

Zum besseren Verständnis und um die Aufgabenstellung zu vereinfachen, wurden einige Anregungen mit folgenden Symbolen gekennzeichnet:

Suche im Bild!

Lass dir deine Wörterliste zu diesem Thema vorlesen!

Lass dir alle Wörterlisten zu diesem Thema vorlesen!

Übe für die Schule!
Auch wenn Kinder Lesen und Schreiben erst in der Schule lernen, gibt es für Vorschulkinder eine Vielzahl an Übungen, die auf das Erlernen von Lesen und Schreiben gut vorbereiten.

Trainiere deine Mund- und Zungenmotorik!
Das Trainieren der Mund- und Zungenmuskulatur ist wichtig für eine gute Aussprache.

Spiele mit deinen Eltern oder Freunden!

Den Abschluss eines Kapitels bilden jeweils die Ruheseiten. Auf den Ruheseiten können gemeinsam Geschichten (vor-)gelesen und Lückentexte ergänzt werden. Diese Texte wiederholen und vertiefen die Inhalte des Oberthemas.

Vorwort

Drei Kinder – Ole, seine ältere Schwester Marie und ihr Freund Zeki begleiten Sie und das Kind durch das **Kindergarten-Wörterbuch**. Denn den meisten Kindern macht das Betrachten von Bildern noch viel mehr Spaß, wenn sie bekannte Figuren darin entdecken können.

Ole

Im Elternratgeber auf den letzten Seiten des Buches finden Sie viele wichtige und interessante Informationen zu den Themen Spracherwerb und Sprachförderung. Zusätzlich wurde ein Beobachtungsbogen zusammengestellt, mit dessen Hilfe Sie den Verlauf des Spracherwerbs bei einem Kind beobachten und dokumentieren können.

Marie

Eltern, deren Muttersprache nicht deutsch ist, können den im **Kindergarten-Wörterbuch** zusammengestellten Wortschatz in ihre eigene Muttersprache übertragen. Das Beschäftigen mit den Bildern und Anregungen kann auch den Erwerb einer anderen Sprache unterstützen. Wichtig ist nur, dass Sie mit dem Kind immer in der Sprache sprechen, in der Sie sich am sichersten fühlen.

Zeki

Abschließend sei gesagt: Sie haben sich für ein in seiner Art einzigartiges Buch entschieden. Die sorgfältige Zusammenstellung eines soliden Grundwortschatzes, vielseitige Sprach- und Spielanregungen, detailreiche und liebevoll gestaltete Bilder sowie wichtige Hinweise zum Spracherwerb machen dieses Buch zu einem wertvollen Begleiter – zu Hause, in Kindergärten und in anderen Einrichtungen für Kinder. Wir wünschen Ihnen viel Freude mit dem **Kindergarten-Wörterbuch**!

Die Dudenredaktion
Kinder- und Jugendbuch

Ich gehe in den Kindergarten

In der Leseecke findest du viele schöne Bücher.

Hier sind die Haken für unsere Jacken.

„Willst du mitspielen, Ole?“

„Schaut mal, das ist Ole, Maries Bruder.“

Das ist Zeki. Er ist der beste Freund von Marie.

Unser Spielzeug ist
in diesem Regal.

Hier ist das Bade-
zimmer. Hier waschen
wir die Hände, putzen
uns die Zähne und
gehen auf die Toilette.

Das ist Marie,
Oles Schwester.

„Möchtest du
Obst essen?“

Wir leben zusammen

die Mama
der Papa
und
der Bruder
die Schwester

der Name
gernhaben
wollen
teilen
helfen
ärgern

das Haus
nach Hause
dürfen
ich
du
mein

der Vater
die Mutter
die Eltern
die Familie
der Zwilling
sich lieben
sich vertragen

geben
lassen
erlauben
verbieten
loben
schimpfen
sich streiten

zanken
zusammen
dein

der Vorname
der Nachname
heißen
kommen aus
zusammenleben
der Streit

sich trennen
sich scheiden
lassen
vermissen

das Taschengeld
besprechen
gerecht
ungerecht
bestimmen
sollen

Marie wohnt mit ihrer Familie zusammen. Wer gehört dazu?

Was machen Maries Mama und Papa?

Mit wem hattest du schon mal Streit?

„Marie“ und „Michael“ fangen mit dem gleichen Laut an, mit „m“. Kennst du noch andere Vornamen, die so anfangen?

Mit wem lebst du zusammen? Was macht ihr zusammen?

Überlege: Was darfst du zu Hause nicht, was ist verboten?

Was tut Marie?

Meine Verwandten

die Oma
der Opa
die Tante
der Onkel

besuchen
alle
erzählen
fragen

jung
alt

---

der Großvater
die Großmutter

der Gast
der Besuch
kommen
bleiben
freundlich
sich erinnern

verwandt
dazugehören
weit weg
jünger
älter

---

der/die Verwandte
sich ähneln
der Familienname
die Großeltern
die Geschwister
das Einzelkind
der Cousin
die Cousine
der Neffe
die Nichte

der Sohn
die Tochter
der Enkel
die Enkelin
die Waise

das Adoptivkind
die Ehe
das Ehepaar
die Witwe
verheiratet
geschieden
alleinerziehend
erben
das Alter
am jüngsten
am ältesten

Wer könnte verheiratet sein?

Was meinst du:
Wer wohnt hier und
wer ist ein Gast?

Ergänze: Zeki besucht mit seinen Eltern und seinem Bruder seine Oma und seinen ...

Schaut euch gemeinsam Familienfotos an! Wer ist auf den Bildern zu sehen? Wer ist mit dir verwandt?

Wer ist jünger als der Großvater?

Wer auf dem Bild ist jung? Wer ist alt? Zeige! Wenn du es nicht weißt, lass dir von deinen Eltern helfen.

Hast du Tanten und Onkel? Kennst du sie und ihre Kinder – deine Cousinen und Cousins? Wie heißen sie?

Ein neuer Mensch

streicheln
das Baby
brauchen
der Schnuller
die Windel
die Wiege
weinen
schlafen
leise sein
der Kinderwagen
der Brei
füttern

verlieben
schmusen
kuscheln
umarmen

sich vertrauen
miteinander schlafen
die Scheide
das Glied
der Hoden
ein Baby kriegen
geboren werden
saugen
die Brust geben
die Flasche geben
der Wickeltisch
die Windel wechseln
der Babysitter
sorgen für
zufrieden

das Paar
erwachsen
weiblich
männlich
zärtlich
Sex haben
schwanger
der Samen
die Eizelle
das Ultraschallbild
ein Baby bekommen
die Geburt
winzig
der Säugling
nennen
versorgen
die Muttermilch
die Brustwarze
stillen

Was macht die Mama mit dem Baby?

Schaut euch gemeinsam Fotos an, auf denen du noch ein Baby bist. Frage deine Eltern, wie du als Baby warst!

Weißt du, wie ein Kind entsteht?

Babys können vieles noch nicht allein tun. Wie sorgt man für ein Baby?

Findest du Oles Schnuffeltier?

Was tut ein Baby, wenn es noch ganz klein ist?

Was braucht ein Baby?

der Geburtstag
die Kerze
wünschen

schenken
mitbringen
Weihnachten
der Weihnachtsbaum
der Weihnachtsmann

das Christkind
der Nikolaus
Ostern
der Osterhase
das Osterei
der Fasching
der Luftballon

das Fest
der Wunsch
der Wunschzettel
das Geschenk
der Adventskalender

der Heiligabend
schmücken
das Silvester
der Muttertag
heiraten
die Hochzeit

die Torte
einladen
gemeinsam
immer

die Feier
feiern
die Braut
der Bräutigam
das Hochzeitskleid
sich unterhalten

begrüßen
verabschieden
taufen
die Taufe
das Taufkleid
glauben

der Ramadan
das Zuckerfest
der Sabbat
die Beschneidung
beschneiden
jeder, jede, jedes

Zähle die blauen Kugeln am Weihnachtsbaum!

Überlege! Welche Feste hast du schon gefeiert? Was habt ihr da gemacht?

Hör genau hin! In welchen Wörtern hörst du ein „ei“? Zum Beispiel: Osterei, Weihnachten, Hochzeit.

Entdeckst du den Weihnachtsmann?

Überlege: Bei welchen Festen gibt es Geschenke? Wann darfst du dir etwas wünschen?

Kennst du schon die Zahlen auf dem Adventskalender? Zähle sie auf!

Suche die Säckchen auf dem Bild!

Marie, Ole und der Weihnachtsmann

Schon lange vor Weihnachten hat Marie einen Wunschzettel gemalt. Sie wünscht sich so sehr eine Puppe! An Heiligabend holt Papa den Weihnachtsbaum ins Haus und sie schmücken ihn. Marie darf die Gold-Sterne an die Zweige hängen. „Das machst du prima“, lobt Papa. Ole will auch helfen und nimmt den schönsten Gold-Stern. Aber Marie reißt ihm den Stern aus der Hand.

„Den hänge ich an den Baum!“, ruft sie.

„Nein, ich!“, schreit Ole.

Sie zerren den Stern hin und her. Oje, da fängt der ganze Weihnachtsbaum an zu

wackeln! Nur gut, dass noch keine Kerze brennt.

„Müsst ihr immer streiten“, schimpft Mama. In diesem Moment klopft es an der Tür und da steht der Weihnachtsmann vor ihnen! Ganz bestimmt weiß er, dass Marie sich eben mit ihrem Bruder gezankt hat. Aber der Weihnachtsmann macht ein freundliches Gesicht. „Wohnen hier Marie und Ole?“, fragt er.

„Ja“, flüstert Marie.

„Vertragt ihr euch denn auch immer?“

Marie wird rot. Ole nickt nur. Da lächelt der Weihnachtsmann und holt für jeden ein Geschenk aus seinem großen Sack. Maries Herz klopft schneller. Ob da wohl ihre Puppe drin ist?

Was mein Körper alles kann 1

der Kopf
der Mund
sagen
essen
singen

der Zahn
beißen
der Arm
die Hand
anfassen
klatschen

der Finger
zeigen

der Körper
nackt
die Stirn
die Wimper
die Wange
schreien

flüstern
lecken
kauen
schlucken
die Spucke
spucken

der Hals
die Schulter
die Faust
der Zeigefinger
der Daumen
greifen

das Augenlid
blinzeln
die Augenbraue

das Ohrläppchen
die Lippe
sprechen
murmeln
küssen
der Milchzahn
das Gebiss
das Kinn
nicken

der Nacken
der Oberarm
der Unterarm
der Ellbogen
der Mittelfinger
der Ringfinger
der kleine Finger
der Fingernagel
die Fingerspitze

Was macht Ole?
Kannst du das auch?

Was kann man mit dem
Mund machen?

Ein Spiel mit Papa oder Mama: Du lässt dir einen Körperteil nennen und sagst, was man damit machen kann. Papa sagt: „Nase.“ Du sagst: „Mit der Nase kann ich riechen.“

Welche Körperteile
gibt es zweimal?
Du hast zwei Augen,
zwei …

In welchen Wörtern
kommt das Wort
„Finger“ vor?

Fingerspiel: Daumen, bück dich!
Zeiger, streck dich! Großer, reck dich!
Goldner, lupf dich! Kleiner, duck dich!

Was machen die Kinder
mit ihren Händen?
Was kannst du mit
deinen Händen tun?

schlafen
der Bauch
der Po
sitzen
sich setzen

pinkeln
groß machen
das Bein
gehen
laufen
der Fuß

stehen
stellen
tun
in
auf
mit

träumen
wach
die Brust
Luft holen
der Rücken
liegen
die Pobacke

das Knie

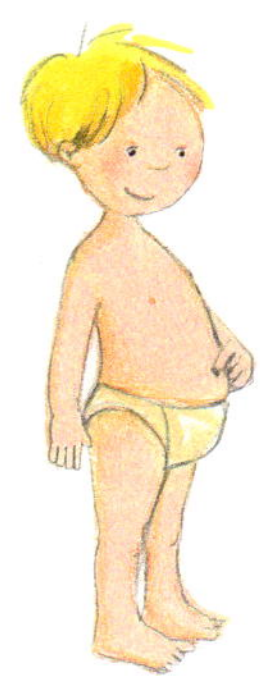

beugen
springen
hüpfen
klettern
der Zeh/die Zehe

der Schlaf
der Traum
der Bauchnabel
der Oberschenkel
der Unterschenkel
die Wade
das Schienbein
der Fußknöchel

die Ferse
die Fußsohle
das Gehirn
denken
nachdenken
überlegen
vergessen
behalten

der Knochen
das Gelenk
das Skelett
der Muskel
das Herz
klopfen
die Ader

Was kannst du mit deinen Beinen tun? Probier es aus!

Was macht Marie?

Welche Teile des Körpers siehst du, welche sind unter der Kleidung?

Was machen die Kinder? Kannst du das auch?

Welches Kind läuft?

Welche Teile deines Körpers kennst du schon beim Namen?

Merkspiel: Lass dir drei Körperteile vorsagen. Sprich die Wörter nach. Lass dir noch einen Körperteil vorsagen. Kannst du auch alle vier aufzählen? Vielleicht sogar fünf oder sechs hintereinander?

Unsere Sinne

das Auge
sehen
gucken
schauen
die Nase
riechen
stinken

das Ohr
hören
laut
leise

schmecken
süß
sauer
heiß
warm
kalt

---

angucken
hell
dunkel
bunt

die Zunge
probieren
salzig
bitter

die Haut
fühlen
merken
oder

---

ansehen
blicken
beobachten
empfinden
das Licht
die Dunkelheit
blind
die Farbe
der Geruch

der Duft
duften
der Gestank
das Geräusch
der Ton
der Krach
die Stille
lauschen
taub

der Geschmack
tasten
glatt
rau

Lege heimlich einen Gegenstand unter ein Tuch. Dein Mitspieler tastet unter dem Tuch danach und rät, was es ist. Dann bist du dran.

Woran riecht Ole?

Womit riechen wir?
Womit schmecken wir?
Womit hören wir?
Womit sehen wir?
Womit fühlen wir?

Fühl mal deinen Arm!
Ist er glatt oder rau?
Jetzt fühl mal, wie sind
die Hände deines Vaters?

Welche Wörter
fangen mit dem
Laut „g“ an?

Was schmeckt salzig?
Was schmeckt süß?

Was meinst du: Was
riecht gut, was stinkt?

Die Menschen sind verschieden

das Kind
schön
das Haar
groß
klein

werden
anders
lang
kurz
lieb

böse
ich bin
du bist
er ist
nicht

das Mädchen
der Junge
die Frau
der Mann
das Gesicht
aussehen

die Locke
der Bart
wachsen
dick
dünn

gleich
stark
schwach
wir sind
ihr seid
sie sind

die Haarfarbe
blond
dunkelhaarig
schwarz
glatt
kraus
lockig
die Augenfarbe
die Hautfarbe

blass
hellhäutig
dunkelhäutig
der/die Erwachsene
der Busen
der Unterschied
die Sprache
sprechen

die Größe
das Gewicht
ähnlich
verschieden
anders als
schlank

Kannst du Zeki beschreiben? Wie sieht er aus? Wenn dir nichts mehr einfällt, hole dir Ideen aus den Wörterlisten.

Wer ist groß? Wer ist klein?

Beschreibe einen deiner Freunde und lass deine Eltern raten, wen du beschreibst. Es geht leichter, wenn du dir vorher die Wörterlisten vorlesen lässt.

Wer ist ein Mädchen, wer ist ein Junge?

Gegensätze: Ich bin groß und du noch …, mein Finger ist lang und deiner noch …, die Hexe ist böse, du aber ganz …

Wer gefällt dir am besten?

Wer ist ein Erwachsener, wer noch ein Kind?

Lieben, lachen, traurig sein

lachen
lieb haben
mögen
auch

der Freund
die Freundin
aber

weinen
die Angst
Angst haben
traurig

lieben
der Spaß
lustig
glücklich
sich freuen
nett

sich erschrecken
wütend sein
langweilig
sich langweilen
sich schämen

trösten
allein sein

das Gefühl
sich fühlen
die Freude
das Glück
fröhlich
die Liebe

die Freundschaft
Lust haben
mutig
der Mut
der Ärger
sich ärgern
die Wut
beleidigt sein
hassen
neidisch

der Schreck
die Langeweile
interessant
gefallen
verlegen sein
der Trost
die Trauer
die Träne
ängstlich
einsam

Welches Kind ist traurig?
Was meinst du, warum?

Was findest du lustig?

Welche Kinder sind wütend? Wann bist du wütend?

Welches Kind ist glücklich und freut sich? Wann freust du dich?

Gefühlspantomime: Mache vor, wie jemand aussieht, der traurig, fröhlich, wütend, ängstlich ist! Am besten vor dem Spiegel!

Welche Gefühle sind schön? Welche Gefühle magst du nicht?

Warst du auch schon einmal traurig? Warum?

Wenn ich krank bin

wehtun
hinfallen
das Pflaster
Mir ist schlecht.

krank
schwitzen
frieren
husten

müde
die Medizin

das Blut
das Loch
die Beule
die Bauch-
schmerzen
brechen
das Fieber
sich anstecken
sich erkälten

niesen
der Schnupfen
der Husten
der Hustensaft
die Wärmflasche
die Ärztin
der Zahnarzt
der Kinderarzt
untersuchen

das Wartezimmer
die Salbe
das Zäpfchen
die Tablette
impfen
die Spritze
der Stich
kratzen
gesund werden

bluten
blutig
der Schmerz
die Verletzung
verstauchen
die Wunde
verbinden

der Schorf
jucken

die Narbe
die Krankheit
der Durchfall
die Erkältung
das Fieber-
thermometer
heiser
zittern

Was tut Ole weh?

Was braucht ein Arzt?

Woran merkst du,
dass du krank bist?

Warst du auch schon
mal beim Arzt?
Was hat der Arzt
gemacht?

Besprich mit deinen Eltern:
Was könnt ihr tun, damit
ihr gesund bleibt?

Beschreibe, wie der
Arzt Marie untersucht!

Wer ist krank?

Sei du heute der Arzt!
Was kannst du alles tun?

Im Badezimmer

die Zahnbürste
die Zahnpasta
der Zahnputzbecher
die Zähne putzen
spülen
die Seife
waschen
baden
sauber
schmutzig
der Waschlappen
der Schwamm
das Handtuch
trocken
nass
kämmen
das Klo
müssen
abwischen
die Nägel schneiden

duschen
die Dusche
die Badewanne
abtrocknen
die Creme
eincremen
das Öl
das Shampoo
ausspülen
der Föhn
die Bürste
bürsten
der Kamm
die Toilette
die Brille
gern
schon
oft

die Karies
das Badetuch
das Toilettenpapier

das Taschentuch
die Nagelschere

Was brauchst du zum Haarewaschen?

Wer putzt sich die Zähne? Wie putzt man sich die Zähne richtig? Mache es vor!

Erzähle, wie du dich abends vor dem Schlafengehen wäschst. Bestimmt helfen dir die Wörterlisten dabei.

Was gehört ins Badezimmer?

Deine Füße tragen dich den ganzen Tag. Heute freuen sich deine Füße darauf, dass Mama sie eincremt und massiert.

Zekis Bruder hat seine gelbe Ente vergessen. Findest du sie? Hast du auch ein Badetier?

Weißt du, warum deine Eltern immer sagen, du sollst dir die Hände waschen?

Zeki will nicht Haare waschen

„Ab in die Badewanne und  Haare waschen, ihr beiden“, sagt Mama zu Zeki und Emre. Aber Zeki will nicht schon wieder  Haare waschen.

Er sinkt in sich zusammen und flüstert: „Ich bin so müde. Ich bin krank. Mir ist schlecht.“

Mama lacht. „Das sagst du nur, weil du nicht in die  Badewanne willst.“

Zeki muss sich also etwas anderes überlegen. Er fängt an, auf einem  Bein zu hüpfen. „Aua, aua“, jammert er. „Ich bin vorhin beim Spielen hingefallen.“ Das stimmt sogar.

„Wo hast du dir denn wehgetan?“, fragt Mama nun ein wenig besorgt.

Doch das hat Zeki längst vergessen.

Deshalb zeigt er einfach mal mit dem Finger auf seinen Fuß.

„Am Fuß sehe ich gar nichts“, sagt Mama.

Zeki zeigt nacheinander auf seinen Bauch, seine Brust und seinen Hals.

Aber Mama stellt fest: „Du hast nicht die kleinste Schramme.“

Es hilft nichts, Zeki muss also heute doch in die Badewanne. Und es ist gar nicht so schlimm. Zusammen mit Emre macht es sogar Spaß, im warmen Wasser zu planschen. Mama passt gut auf, dass beim Haarewaschen kein Shampoo in seine Augen kommt. Erst als sie ihn abtrocknet, fällt Zeki wieder ein, wo er sich wehgetan hatte: am Knie.

Frühstück und Abendessen

essen
lecker
das Brot
das Brötchen
die Butter
die Marmelade
der Honig

das Ei
die Wurst
der Käse
der Salat
die Cornflakes
das Müsli
der/das Joghurt

trinken
die Milch
der Kakao
der Tee
die Zitrone
der Saft

Hunger haben
Durst haben
das Frühstück
die Brezel
der Toast
die Salami

ein Brot schmieren
abbeißen

der Quark
das Mineralwasser
der Apfelsaft
der Orangensaft
das Abendessen

hungrig
durstig
satt
die Mahlzeit
frühstücken
das Vollkornbrot
der Frischkäse

der Kaffee
das Getränk
zu Abend essen
bloß
ob

Finde die richtige Reihenfolge!
Du willst frühstücken:
vom Brötchen abbeißen – schlucken
– Brötchen schmieren – kauen

Was meinst du?
Was will Marie essen?

Welche Mahlzeiten kennst du?

Was wird aus
Milch gemacht?

Was isst du am liebsten
zum Frühstück? Erzähle!

Was ist süß,
was ist sauer?

Überlege! Was kann
man alles trinken?

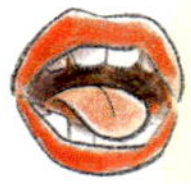

Zungenbrecher: Wer
sagt es am schnellsten?
Blaukraut bleibt Blaukraut
und Brautkleid bleibt
Brautkleid.

Guten Appetit!

die Suppe
die Kartoffel

der Reis
die Nudel
das Fleisch
das Würstchen
der/das Ketchup
der Fisch

die Tomate
die Gurke
die Karotte
die Möhre
die Erbse
der Spinat
noch

das Mittagessen
der Kartoffelbrei
die Spaghetti
die Pizza
die Olive
das Gulasch
die Bratwurst

das Fischstäbchen
das Gemüse
der Blumenkohl
der Brokkoli
die Paprika
der Mais
die Soße

der Senf
das Salz
der Pfeffer
der Essig
das Öl
zu (heiß, sauer...)

der Eintopf
der Auflauf
das Rindfleisch
das Schweine-
fleisch
das Lammfleisch
das Brathähnchen

die Frikadelle
der Dönerkebab
die Zwiebel

der Champignon
die Zucchini
der Lauch
die Bohne
der Kohl
verdauen

Reime und ergänze:
Rätsel muss man raten,
Schnitzel muss man … [braten]

Was isst Zekis Mutter?

Was ist gesund?
Was ist ungesund?

Wusstest du, dass in Ketchup ganz viel Zucker ist?

Was ist kein Gemüse?
Blumenkohl – Möhre – Apfel – Mais?

Wovon isst man immer nur ein bisschen?
[Senf, Salz, Pfeffer …]

Was kann man alles in einen Eintopf tun?

Was ist grün?

der Apfel
die Banane
die Orange
die Melone

der Kuchen
der Keks
die Schokolade
das Eis
der Pudding

mehr
weniger

das Obst
die Mandarine
der Pfirsich
saftig
die Birne
die Kirsche

die Pflaume
die Ananas
die Kiwi
der Nachtisch
das Kompott

der Schokoladen-
pudding
naschen
das Bonbon
nur

der Appetit
der Apfelkuchen
schälen
die Schale
das Mehl
das Backpulver

der Zucker
die Margarine
die Sahne
der Obstsalat
die Süßigkeit
ungesund

Schokoladenwettessen: Ihr braucht: eine Tafel Schokolade, Messer und Gabel, Würfel, Handschuhe, Schal und Mütze. Jetzt geht's los! Wer als Erster eine Sechs würfelt, zieht Mütze, Handschuhe und Schal an. Er nimmt Messer und Gabel, schneidet sich ein Stück Schokolade ab und nascht. Das aber nur so lange, bis das nächste Kind eine Sechs gewürfelt hat …

Welche Obstkuchen kennst du?

Macht gemeinsam einen Obstsalat! Verbindet euch abwechselnd die Augen und ratet, welches Obststück ihr gerade esst.

Wovon gibt es mehr: Bananen oder Melonen?

Überlege! Welches Obst muss man nicht schälen?

Welches Obst wächst an Bäumen? Frage deine Eltern!

Was ist gelb?

Messer, Gabel, Löffel

die Gabel
das Messer
der Löffel
sich auftun
sich nehmen
der Teller
die Tasse
das Glas
der Becher
das Schälchen
danke
bitte

der Teelöffel
der Esslöffel
der Suppenlöffel
die Schüssel
die Wasserflasche
eingießen
der Strohhalm
der Suppenteller
das Brettchen

die Kanne
den Tisch decken
abräumen
abwaschen
pusten
schmatzen

das Besteck
löffeln
die Suppenkelle
verteilen
das Geschirr
tief
flach
die Untertasse
die Tischdecke
die Serviette
das Tablett
der Rest
aufheben
sich benehmen
sich bedanken
kleckern
schlingen
schlürfen
rülpsen

Was hält Zeki in den Händen?

Ergänze: Wir essen mit ... [Messer und Gabel], von ... [Teller, Brettchen], wir trinken aus ... [Tasse, Glas, Becher].

Was steht auf dem Tisch?

Welche unterschiedlichen Löffel kennst du?

Was gefällt den anderen beim Essen nicht?

Vorsicht! Womit kann man sich schneiden?

Überlege! Was gehört alles zum Geschirr?

Du kannst deinen Saft mit dem Strohhalm trinken. Du kannst mit dem Strohhalm aber auch Papierschnipsel ansaugen!

Wir kochen

kochen
der Topf
der Deckel
aufmachen
zumachen

rühren
dazutun
voll
leer

der Koch
umrühren
der Kochlöffel
die Pfanne
braten
backen
die Backform

der Topflappen
der Grill
grillen
durchschneiden
abschneiden
der Dosenöffner

das Sieb
frisch
hart
fertig
man

das Rezept
der Messbecher
roh
gar
knusprig
das Gewürz
würzen
scharf

salzen
versalzen
süßen

reiben
halbieren
die Hälfte
der Schneebesen
die Eieruhr
das Küchentuch
einfrieren
erst
nachdem

Ergänze! Hast du zu viel Salz in die Suppe getan, ist die Suppe ...

Wozu brauchst du einen Topflappen?

Abzählvers: Ene mene Rätsel, wer backt die Brezel, wer backt den Kuchen, der muss suchen.

Ergänze! Eine Speise würzt man mit einem ...

Ist der Topf auf dem Herd voll oder leer?

Überlege! Was kannst du roh essen? Karotte – Bratwurst – Apfel – Kartoffel – Gurke

Was macht Marie?

Überlege! Was kann man alles grillen?

Zeki und das Picknick

Heute will Zekis Familie auf einer Waldwiese picknicken. Mama hat einen Salat zubereitet, mit Kartoffeln und Gurke. Außerdem gibt es kaltes Hähnchen und Fladenbrot. Mama packt alles in einen Korb. Papa legt das Besteck dazu, Messer und Gabeln, außerdem Teller und Becher.

Und noch etwas soll in den Korb: ein großer Pudding! Zeki hat zwar ganz viel Müsli zum Frühstück gegessen, aber als er den Pudding sieht, stöhnt er:

„Ich sterbe vor Hunger!“

„Du hast doch gerade erst gefrühstückt“, wundert sich Mama.

„Ich werde aber nur von Pudding satt“, behauptet Zeki.

„Den gibt es erst später, zum Nachtisch“, sagt Mama. „Jetzt bekommst du nur Bauchweh davon.“

Sie trägt mit Papa die Sachen zum Auto.

Der Pudding steht noch auf dem Tisch.

Er sieht so lecker aus! Und auf einmal hat Zeki einen Löffel in der Hand. Er will nur ein ganz kleines bisschen naschen. Das fällt Mama bestimmt nicht auf. Mmh, schmeckt der Pudding süß!

Nach einer Weile kommt Mama in die Küche zurück.

„Wo ist denn der Pudding?“, fragt sie.

Dann entdeckt sie den fast leeren Teller.

Und Zekis Magen? Der ist voller Pudding!

Wo kaufen wir ein?

der Laden
das Kaufhaus
der Markt
der Bäcker
alles

der Supermarkt
das Geschäft
der Kiosk
der Metzger
der Fleischer
das Fischgeschäft
der Spielzeug-
laden
der Zeitungsladen
die Zeitschrift
der Comic
der Friseur
Haare schneiden
das Schuhgeschäft
der Schuster
Schuhe reparieren
das Zoogeschäft
das Tierfutter
das Blumen-
geschäft

die Abteilung
die Spielwaren-
abteilung
der Obst- und
Gemüsehändler
der Bioladen
die Metzgerei
die Fleischerei
die Drogerie
die Apotheke
das Medikament
der Optiker
eine Brille
aussuchen
das Schreibwaren-
geschäft

das Briefpapier
die Buchhandlung
der Juwelier
das Gold
aus Silber
der Edelstein
die Auswahl
die Reinigung
der Baumarkt
das Möbelhaus

Was hat Zeki gekauft?

Deine Schuhe sind kaputt!
Wo werden sie repariert?

Zungenbrecher: Metzger, wetz dein Metzgermesser mit dem Metzgerwetzmesser! Mit dem Metzgerwetzmesser wetz dein Metzgermesser, Metzger!

Wo bekommt man eine Brille?

Wo ist die Bäckerei?

Wo kannst du etwas zum Essen kaufen?

Welche von den Geschäften kennst du schon?

Traust du dich,
die Brötchen ganz
allein zu kaufen?

Wie viel darf es sein?

das Stück
die Scheibe
die Flasche
einpacken

die Dose
die Tüte
voll
leer

das Kilo
die Waage

der Liter
die Tafel
Schokolade
der Kasten
der Karton
das Paket
die Pfandflasche

verpackt
viel
wenig
nichts

die Ware
die Packung
das Bund
der Meter
der Zentimeter
das Pfund
das Gramm

die Menge
abwiegen
einige
ein paar
eine Handvoll

die Frische
haltbar
abgepackt
teuer
billig
umsonst
einzeln

Was ist hier falsch?
Drei Stück Milch,
eine Tafel Mehl,
ein Kilo Auto,
ein Meter Zucker,
eine Flasche Kuchen,
ein Liter Brot?

Was gehört nicht in die Gemüseabteilung?

Spiele Einkaufsladen! Mal bist du der Verkäufer, mal bist du der Kunde.

Marie hat eine Flasche in der Hand. Was ist darin?

Suche die Dosen!

Überlege! Wovon kauft man ein Stück? Wovon kauft man ein Kilo?

Schau dir die eingepackten Lebensmittel in eurem Kühlschrank an! Findest du das Datum darauf? Weißt du, was es bedeutet?

An der Kasse

der Zettel
der Korb
die Tasche

kaufen
bezahlen
das Geld
der Euro
der Cent

die Kasse
kosten
Wie viel kostet das?

der Einkaufszettel
aufschreiben
die Einkaufstasche
einkaufen
der Einkaufswagen
schieben

die Theke
der Verkäufer
der Preis
die Kassiererin
Schlange stehen

ausrechnen
zählen
der Geldschein
die Münze
das Portemonnaie
tauschen

verkaufen
die Kundin
das Preisschild
das Sonderangebot
der Gutschein
das Geldstück
die Geldbörse
der Geldautomat

die Scheckkarte
zahlen
bar
das Wechselgeld
der Kassenzettel
bestellen
der Katalog
umtauschen
vergleichen

ausmessen
die Umkleidekabine
die Marke
werben
das Plakat

In welchen Wörtern steckt das Wort „Geld“? Fallen dir noch andere Wörter mit „Geld“ ein?

Male und schreibe mit deinen Eltern zusammen einen Einkaufszettel!

Hast du auch schon mal etwas eingekauft? Was?

Was braucht man zum Einkaufen?

Darf man in einem Geschäft etwas mitnehmen, ohne es zu bezahlen?

Gehst du mit zum Einkaufen? Was kannst du dabei tun?

Was hat Maries Mutter in ihrem Korb?

Scherzfrage: Welches Tier steht oft an der Kasse im Supermarkt?

Maries besonderer Einkauf

Heute muss Mama in den Supermarkt. Marie darf den Einkaufswagen durch den Laden schieben. Auf einem Einkaufszettel hat Mama aufgeschrieben, was sie alles brauchen.

„Marie, holst du mir bitte fünf Bananen?“ Marie bringt sofort die Bananen.

„Vielen Dank“, sagt Mama. „Und nun noch sechs Orangen.“ Marie holt genau sechs Stück. „Du bist mir wirklich eine Hilfe, meine Große“, sagt Mama.

„Jetzt darfst du auch noch etwas für dich selbst aussuchen.“ Sie gibt Marie einen Euro. Während Mama alle Waren in den Einkaufswagen legt,

denkt Marie angestrengt nach. Sie möchte sich etwas ganz Besonderes aussuchen. Vielleicht eine  Tafel Schokolade? Marie schaut auf das Preisschild, ob sie auch nicht zu teuer ist.

Aber ist eine  Tafel Schokolade besonders genug? Vielleicht kauft sie besser eine  Flasche Limonade. Oder eine Tüte Gummibärchen? Eine Packung Chips? Einen Becher Schokoladenpudding? Marie kann sich einfach nicht entscheiden.

„Und was hast du dir jetzt ausgesucht?“, fragt Mama, als sie sich zum Bezahlen an der  Kasse anstellen.

Marie holt ihr Geldstück aus der Tasche: „Das hier“, sagt sie. „Einen  Euro hab ich mir ausgesucht!“

anziehen
ausziehen
anhaben
der Pulli
die Hose
das Kleid

der Rock
die Jacke
die Unterhose
das Unterhemd
der Schlafanzug

umziehen
überziehen
anprobieren
das T-Shirt
das Hemd
der Pullover
die Jeans
die Matschhose

der Anorak
der Mantel
die Regenjacke
der Schlüpfer
der Body
der Schlafsack
das Nachthemd
der Bademantel

die Badehose
der Badeanzug
schick
neu
weich

tragen
schützen
die Kleidung
das Sweatshirt
passen
die Strickjacke
die Bluse

die Weste
der Anzug
die Latzhose
die Shorts
die Unterwäsche
die Sportsachen

der Bikini
das Badezeug
die Badesachen
eng
weit
bequem
unbequem

Welche Farbe hat Oles Pulli?

Wie viele Kleidungsstücke mit Streifen findest du?

Was trägst du im Schwimmbad?

Was macht Marie?

Was hat Ole an?

Bei welchen Kleidungsstücken hörst du am Anfang ein „b“?

Schau in deinen Kleiderschrank! Zähle deine blauen Sachen auf!

Kapuze, Knopf und Klettverschluss

die Mütze
der Schal
binden

der Handschuh
der Strumpf
die Strumpfhose
der Schuh
der Hausschuh

der Stiefel
der Knopf
die Tasche
der Ring

die Kapuze
der Kniestrumpf
die Socke
das Hosenbein
hochkrempeln
die Sandale
der Turnschuh
der Gummistiefel

der Klettverschluss
der Knoten

aufknöpfen
zuknöpfen
der Reißverschluss
der Gürtel
der Ohrring
die Kette
das Armband

das Kostüm
verkleiden
der Hut
aufsetzen
das Kopftuch
das Tuch
der Kragen

der Rollkragen
der Ärmel
kurzärmelig
langärmelig
umkrempeln
die Hosentasche
der Straßenschuh

der Schnürsenkel
die Schleife
zubinden
die Schuhgröße
der Druckknopf
das Knopfloch
der Schmuck

Suche gleichfarbige Schnürsenkel! Kannst du schon eine Schleife binden? Probiere!

Suche! Welche Handschuhe gehören zusammen?

Wann braucht man Mütze, Schal und Handschuhe? Wann trägt man Sandalen?

Womit machst du deine Hose, deine Jacke, deine Schuhe zu?

Was auf dem Bild ist grün?

Was für Schuhe haben die Kinder an? Kennst du noch andere?

Wer hat die größten Schuhe an?

Welchen Schmuck trägt Marie?

Meine Hose ist kaputt

die Schere
die Wasch-
maschine

kaputt
ganz

der Fleck
sauber
schmutzig

die Nadel
der Faden
nähen
flicken
zerreißen
die Wolle
der Stoff
das Leder

der Pelz
flauschig
kratzen
auswaschen

das Waschmittel
das Waschpulver
der Wäschekorb
der Wäscheständer
die Wäscheleine
aufhängen
abnehmen
bügeln
das Bügeleisen

der Schneider
die Nähmaschine
mit der Hand
ändern
der Flicken
die Naht
ist aus ...
die Baumwolle

das Muster
die Länge
stricken
die Stricknadel
die Wäsche
die Wäsche-
klammer

der Wäsche-
trockner
zusammenlegen
der Kleiderbügel
die Mode
die Modenschau

Wer hat einen Fleck auf der Hose?

Was kann man mit Kleidung machen? [z. B. nähen, flicken, bügeln …]

Welche Wörter fangen mit „Wasch-“ oder „Wäsche“ an? Fallen dir weitere Wörter ein?

Findest du Kleidungsstücke mit einem Muster?

Befühle unterschiedliche Stoffe! Wie fühlen sich Leder, Wolle, Pelz oder Baumwolle an? Was magst du am liebsten?

Was tut Maries Mutter? Was braucht sie dazu?

Was macht Marie?

Wie wird ein schmutziger Pulli wieder sauber?

Der Fleck muss weg

Für Omas Geburtstagsfeier hat Papa einen Anzug angezogen und Mama ihr schönstes Kleid. Marie hüpft noch in Unterhemd und Unterhose herum.

„Ich will nicht die blöde Bluse tragen“, mault sie. „Die ist so eng. Ich will meinen Pullover mit den Streifen anziehen.“

Aber das geht nicht. Für Omas Feier muss sich auch Marie schick machen.

Nun fehlt nur noch Ole. „Ich hab meine Hose selbst angezogen“, sagt er stolz. Nur beim Knopf soll Papa ihm helfen.

„Du kannst doch nicht mit deiner dreckigsten

 Hose zu Omas Feier gehen!“, ruft der.
„Ich helfe dir, eine saubere rauszusuchen.“
„Nein, kann ich alleine.“ Ole rennt in sein Zimmer. Papa, Mama und Marie warten.

„Jetzt helfe ich ihm doch lieber“, murmelt Papa.
Er geht ins Kinderzimmer. Dort sitzt Ole und versucht, mit seiner  Schere die Hosenbeine von seiner dreckigen  Hose abzuschneiden.
„Dann sind die Flecken am Knie weg“, erklärt er.
„Stimmt“, sagt Papa, „aber dann ist die  Hose auch kaputt.“
Das versteht Ole. Die Dreck-  Hose muss wohl doch in die  Waschmaschine.
Und für Omas Fest zieht er jetzt einfach die neue rote 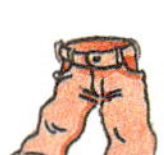 Hose an.

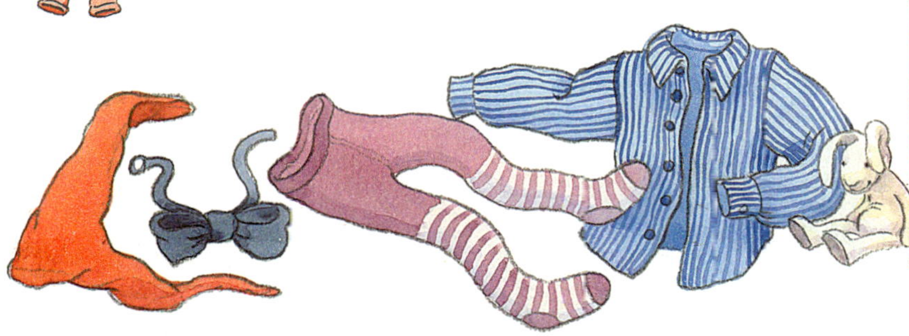

Mein Zimmer

das Zimmer
das Bett
das Kissen
der Schrank
das Regal
die Spielsachen
haben

das Bilderbuch
das Mobile

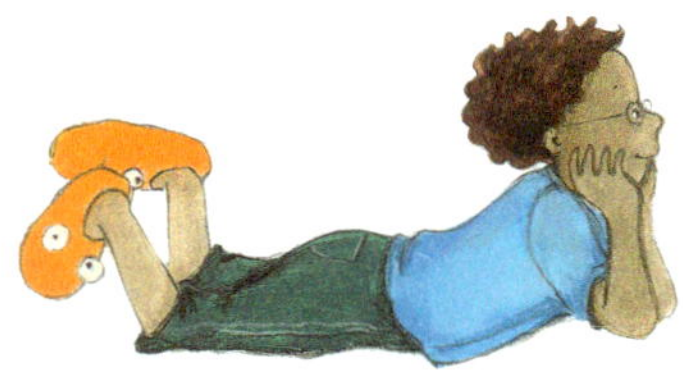

die Spieluhr
die Lampe
das Licht
anmachen
ausmachen

---

das Kopfkissen
die Bettdecke
gemütlich
ruhig
der Spielteppich
ordentlich
aufräumen

aufheben
wegstellen
weglegen
weghängen
der Kleiderschrank
der Schreibtisch

die Spielzeugkiste
der Kassetten-
rekorder
die Kassette

---

der Raum
das Hochbett
das Etagenbett
die Matratze
der Bettbezug
die Ordnung
unordentlich

aufbewahren
die Leselampe
das Poster
das Fensterbrett
die Fensterscheibe
das Fensterbild

lüften
die Heizung
heizen
aufdrehen
zudrehen

Was entdeckst du alles in Zekis Zimmer?

Was gibt es in Zekis Zimmer mehr als einmal?

Was kannst du in Zekis Zimmer tun?

Was hast du alles in deinem Zimmer? Zähle auf!

Male ein Bild von deinem Zimmer!

Welche Wörter haben mindestens drei Silben? Mache den Klatschtest!

Überlege! Was kann man anmachen?

wohnen
das Haus
die Küche
das Bad
das Klo
der Flur

der Keller
der Balkon
die Tür
der Schlüssel
klingeln
das Fenster

die Treppe
die Mülltonne
schmeißen

die Wohnung
die Haustür

das Wohnzimmer
das Schlafzimmer
das Kinderzimmer
das Badezimmer
die Kammer
der Fahrstuhl

das Treppenhaus
die Stufe
der Briefkasten
die Klingel
der Hof
die Garage
umziehen

die Adresse
die Hausnummer
das Erdgeschoss
im ersten Stock
das Hochhaus
der Altbau
der Neubau

das Reihenhaus
mieten
die Diele
die Terrasse
der Dachboden
das Schloss
aufschließen

abschließen
der Aufzug
die Rücksicht
einziehen
ausziehen
der Umzug

Welche Zimmer hat das Haus?

In welchen Zimmern kann man schlafen?

Male ein ähnliches Bild von deinem Zuhause. Lass dir dabei helfen!

Was ist ein B-A-D? [Laute einzeln mit Pausen dazwischen sprechen]

Was siehst du in den einzelnen Zimmern? Beschreibe!

In welchem Zimmer bist du bei dir zu Hause am liebsten?

In welcher Art von Haus wohnst du?

In Küche und Bad

der Herd
der Kühlschrank
der Mülleimer

das Waschbecken
der Wasserhahn
der Spiegel

der Haken
der Besen
fegen

der Küchenschrank
der Küchentisch
der Brotkorb
die Spüle
das Spülmittel
abspülen
die Kühltruhe
die Mülltüte
der Abfall

das Rollo
die Badewanne
die Dusche
die Fliese
der Staubsauger
Staub saugen
sauber machen
wischen

die Herdplatte
der Backofen
die Geschirr-
spülmaschine

der Toaster
der Wasserkocher
die Kaffee-
maschine
der Rollladen
schließen
die Garderobe

der Besenschrank
der Schrubber
der Putzeimer
der Putzlappen
der Handfeger
die Schaufel
die Fußmatte
abstreifen

Wohin gehört der Müll? Zeige!

Was macht Maries Vater?

Was hat vier Beine und kann nicht laufen? [der Stuhl]
Welcher Hahn kräht nicht? [der Wasserhahn]

Wo kann man Wasser hineintun?

Womit macht man sauber?

Was macht man mit dem Besen?

Was siehst du alles in der Küche? Erzähle!

Im Wohnzimmer

der Tisch
der Stuhl
das Sofa
der Sessel
sitzen
der Teppich
das Bild
fernsehen
das Telefon
die Steckdose

die Möbel
die Wolldecke
die Gardine
die Vase
der Blumenstrauß
der Blumentopf
der Papierkorb
das Klavier
die Musik
der Fernseher
der Film
die DVD
der DVD-Player
die CD
der CD-Player
der Lichtschalter
die Zimmertür
die Klinke
öffnen

einrichten
die Schrankwand
das Bücherregal
die Couch
der Couchtisch
der Esstisch
die Kommode
die Schublade
einräumen
die Blockflöte

der Teppichboden
die Tapete
tapezieren
der Kleister
die Gardinen-
stange
die Stereoanlage
der Videorekorder

Was liegt auf dem Teppich?

Was steht in diesem Wohnzimmer? Zähle auf!

Wie viele CDs liegen auf dem Tisch?

Erzähle! Was macht deine Familie im Wohnzimmer zusammen?

Worauf kann man sitzen?

Womit macht man Musik?

Entdeckst du Zeki?

Ein Haus wird gebaut

bauen
baggern
der Bagger
der Baggerfahrer
die Leiter
der Kran

die Wand
der Boden
das Dach

der Hammer
der Nagel
das Holz
der Stein
das Glas

---

der Bauarbeiter
der Bau
die Baustelle
die Mauer
hämmern
das Rohr

der Fußboden
die Zimmerdecke
anstreichen

bohren
der Bohrer
sägen
die Säge
schrauben
die Schraube

---

mauern
der Maurer
die Etage
der Handwerker
der Elektriker
die Stromleitung
elektrisch
verlegen

der Klempner
die Zange
das Wasserrohr
das Dach decken
dicht
der Schrauben-
zieher
drehen

der Beton
der Betonmischer
der Ziegelstein
gerade
schief
krumm
der Maler
streichen

Was steht neben dem Haus?

Überlege! Was ist im oder am Haus aus Holz? Was ist im oder am Haus aus Stein?

Sieh dir gemeinsam mit deinen Eltern eine Baustelle in eurer Umgebung an!

Wie baut man ein Haus? Was braucht man dazu? Beschreibe!

Findest du alle Leitern?

Ergänze: Mit einem Bohrer kann man …, mit einer Säge kann man …, mit einem Hammer kann man … Fallen dir noch weitere Beispiele ein?

Ergänze: Was macht ein Maurer? Ein Maurer … Was macht ein Bauarbeiter? Ein Bauarbeiter …

Zekis Lieblingsbuch

„Papa, liest du mir die Geschichte mit dem Piraten vor?“, bettelt Zeki.

Papa schaut sich im Kinderzimmer um.

„Du hast schon wieder nicht aufgeräumt!“, schimpft er. „Wie soll ich denn da das Piraten- Buch finden?“

Zeki guckt unter sein  Bett. Aber da ist das  Buch nicht. Auch nicht auf dem Spielteppich oder in der Spielzeugkiste oder im  Kleider-schrank.

„Vielleicht hast du es im Wohnzimmer liegen lassen“, sagt Papa. Gemeinsam suchen sie unter dem  Sofa, auf dem  Esstisch und sogar im  Papierkorb.

Nirgendwo ist Zekis Piraten-  Buch.

„Macht ihr ein Spiel?“, fragt Emre neugierig.

„Wir suchen Zekis Piraten-  Buch“, ächzt Papa. Er liegt gerade mit dem Bauch auf dem Teppich und schaut unter die Schrankwand. Jetzt hilft auch Emre beim Suchen. Überall suchen sie, sogar im Flur und im Bad, doch sie finden nichts. Nun gibt es nur noch eine Möglichkeit: die Küche. Dort steht Mama am Herd und kocht. Sie wundert sich, dass Zeki in den Küchenschrank und dann in den Kühlschrank schaut.

„Ich suche mein Piraten-  Buch“, erklärt er.

Da geht Mama in sein Zimmer. „Hier ist es, wo es hingehört“, sagt sie und holt das  Buch aus Zekis  Regal.

der Sand
der Sandkasten
buddeln
die Schaufel
der Eimer
das Förmchen
das Sieb

der Matsch
die Rutsche
rutschen
die Schaukel
schaukeln
anschubsen
die Wippe

wippen
schubsen
hinfallen
der Ball
fangen
werfen
rollen
verstecken

der Spielplatz
die Bank
zuschauen
die Pumpe
pumpen
sieben

das Klettergerüst
klettern
runterfallen
Fangen spielen
der Roller
das Laufrad

das Dreirad

die Kletterwand

die Hängebrücke
schwingen
der Holzbalken
balancieren
baumeln
umrennen

seilspringen
vorwärts
rückwärts

Auf der Schaukel kannst du schaukeln. Wo kannst du wippen? Wo kannst du rutschen? Womit kannst du pumpen?

Was machst du am liebsten auf dem Spielplatz?

Wo ist Ole?

Findest du alle Leute auf dem Bild, die sitzen? Zeige!

Ein Kasten mit Sand ist ein ... [Sandkasten].
Ein Platz zum Spielen ist ein ...
Ein Balken aus Holz ist ein ...
Ein Gerüst zum Klettern ist ein ...

Erzähle! Was kannst du auf diesem Spielplatz alles tun?

Was macht Marie auf dem Spielplatz?

In der Stadt

die Leute
die Straße
die Laterne
leuchten
der Laden
der Markt
die Kirche
kennen

die Stadt
der Platz
der Gehweg

der Gully
die Nachbarin
treffen
der Kiosk
das Eiscafé
das Kino
die Bücherei
der Kirchturm
die Glocke
läuten
das Tor
der Friedhof
sterben
das Grab
neben

das Denkmal
der Springbrunnen
der Straßenname
der Stadtplan
der Bürgersteig
die Einfahrt
der Vorgarten
die Litfaßsäule
die Reklame
die Bibliothek
das Restaurant
das Lokal
essen gehen
der Kellner
die Kneipe
der Imbiss
das Schaufenster
bummeln
die Telefonzelle
das Parkhaus

Wie heißt deine Stadt?
Wo warst du schon in deiner Stadt?

  Welche Wörter aus den Listen findest du auf dem Bild wieder?

 Entdeckst du Marie?

 Was siehst du neben dem Kino?

 Was machen die Menschen auf dem Platz? Erzähle!

  Was gibt es auch in deiner Stadt?

 Suche alle Laternen!

In unserem Garten

der Garten
das Gras
die Erde
graben

das Beet
gießen
die Erdbeere
pflücken

die Nuss
der Kern
die Leiter

---

der Obstbaum
das Baumhaus
der Apfelbaum
der Kirschbaum
schütteln
die Gießkanne
die Regentonne
der Garten-
schlauch
der Strauch

die Johannisbeere
das Gemüsebeet
der Rhabarber
der Kohlrabi
das Radieschen
das Unkraut
die Brennnessel
die Blattlaus
die Schnecke
der Regenwurm

der Marienkäfer
der Zaun
braun

---

die Frucht
die Beere
der Nussbaum
der Haselnuss-
strauch
der Johannisbeer-
strauch

die Erdbeerpflanze
pflanzen
reif
das Kräuterbeet
das Basilikum
die Petersilie
der Schnittlauch

der Kompost
der Schuppen
der Rasenmäher
der Spaten
umgraben
die Harke
jäten

Welche Tiere im Garten mag deine Mama und welche nicht?

Bilde lustige Schlangenwörter! Wer kann das längste Wort bilden? [z. B. Kohlrabiknollenkompost, Johannisbeerstrauchgärtnerhut]

Säe einen Samen in einen Blumentopf (zum Beispiel Radieschen, Möhre oder Bohne). Kümmere dich um die Pflanze! Gieße und dünge sie regelmäßig!

Was isst Ole?

Was gehört zum Obst und was zum Gemüse? Weißt du das schon?

Marie hilft schon bei der Arbeit im Garten. Was macht sie?

Was kann man im Garten alles machen? Was braucht man dazu?

Ein Nachmittag im Park

der Park
die Blume
der Rasen
die Kastanie

das Blatt
die Rose
der Löwenzahn

das Gänse-
blümchen
der Stock
das Picknick

der Kletterbaum
die Hecke

der Schatten
die Tulpe
das Kleeblatt
blühen
die Blüte
der Stiel

der Stängel
rosa
violett
orange
die Hummel
der Maulwurf

die Liegewiese
sich sonnen
schattig
der Parkweg
schlendern
die Rasenfläche
die Frisbeescheibe
der Goldfischteich
die Pflanze

die Birke
die Baumkrone
die Knospe
der Flieder
die Nelke
die Narzisse
verblühen
verwelken

die Gärtnerin
der Rasensprenger
die Schubkarre

Entdeckst du die Gänseblümchen? Zeige!

Weißt du schon, wann die Tulpen blühen? Frage deine Eltern!

Welche Farben haben die Blüten?

Welche Blumen kennst du schon?

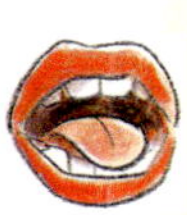

Pustet gemeinsam Pusteblumen! Wer pustet die Samen am weitesten weg?

Was macht Zeki?

Welches Wort passt nicht dazu: Rose – Tulpe – Maulwurf – Nelke?

Kennst du die Teile einer Blume?

Was machst du am liebsten im Park?

Ein Spaziergang im Wald

der Wald
der Baum
der Busch
das Blatt

der Pilz
giftig

der Ast
der Baumstamm
die Tanne
der Tannenzapfen
die Eiche
die Eichel
die Wurzel
der Zweig
die Rinde

die Nadel
das Laub
rascheln
knacken
knarren
die Blaubeere
die Brombeere
suchen
sammeln

das Moos
der Jäger
jagen

das Gebüsch
dicht
finster
der Laubbaum
die Buche
der Nadelbaum
die Kiefer
das Harz

der Farn
der Steinpilz
essbar
der Fliegenpilz
der Futterplatz
der Förster
der Waldarbeiter
die Axt

die Motorsäge
fällen
der Baumstumpf
morsch
vermodern
der Waldbrand
kahl

Was meinst du: Was hat Ole in der Hand?

Hat eine Eiche Blätter oder Nadeln? Und eine Tanne?

Abzählvers zum Merken: Eichen, Buchen, Tannen, und du musst fangen. Eichen, Tannen, Buchen, und du musst suchen!

Wer arbeitet alles im Wald?

Was gehört alles zu einem Baum? Beschreibe!

Welche Pflanzen kennst du? Wenn du das nächste Mal im Wald bist, schaue, ob du die Pflanzen findest!

Was macht Marie?

Auf dem Bauernhof

der Bauernhof
die Bäuerin
die Wiese
die Kuh
der Stall
die Scheune
der Misthaufen

der Hahn
das Huhn
die Ente
die Katze

der Traktor
der Anhänger
die Sonnenblume

das Dorf
das Feld
der Feldweg
die Weide
der Acker
die Vogelscheuche
verscheuchen

der Graben
der Ententeich
das Küken
der Hühnerstall
der Mist
das Korn
säen

ernten
das Stroh
der Strohballen
der Halm
das Heu
die Kornblume

der Landwirt
das Gewächshaus
der Silo

das Kornfeld
pflügen
der Pflug
ausmisten
der Dünger
düngen
fruchtbar

bewässern
die Ernte
mähen
dreschen
der Mähdrescher
die Rübe
die Zuckerrübe

Wie viele Enten schwimmen auf dem Teich?

Wo ist Marie?

Zungenbrecher: Sprich nach!
Bierbrauer Bauer braut
braunes Bier, braunes Bier
braut Bierbrauer Bauer.

Wie heißen viele davon?
Ein Stall und viele ...,
eine Weide und viele ...,
ein Acker und viele ...,
ein Silo und viele ... .

Was auf dem Bauernhof kennst du schon?

Was macht der Bauer?

Bilde Wortbrücken!
[Korn – Feld – Weg;
Kuh – Mist – Haufen]

Am Wasser

das Wasser
nass
schwimmen
das Meer
der Fluss
der See
der Bach

die Welle
der Tropfen
fließen
planschen
blau

der Strand
der Sand
die Sandburg

der Teich
plätschern
rauschen
spritzen
tropfen
tauchen
klar

das Ufer
der Schlamm
feucht

das Schilf
angeln
die Angel
das Netz
der Kescher
der Kieselstein

die See
der Deich
die Quelle
sprudeln
gluckern
das Süßwasser
das Salzwasser

das Moor
der Sumpf
trüb
das Hochwasser
die Strömung
überschwemmen
austrocknen

die Wasserpflanze
die Alge
der Angler
die Angelrute
seicht
das Watt

Was kannst du am und im Wasser tun?

Was auf dem Bild ist blau?

Was schwimmt im Wasser?
Was geht im Wasser unter?
Probiere es aus!

Was reimt sich auf „See“? Was reimt sich auf „Deich“?

Was machen Ole und Marie?

Was kann Wasser alles?
Wie hört es sich an?

Warst du schon mal am Meer oder an einem großen See? Erzähle!

In den Bergen

der Berg
hoch
der Weg
der Stein

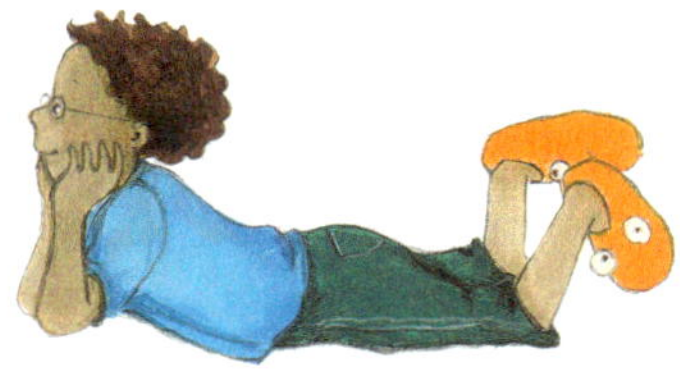

das Tal
auf den Berg
steigen
der Gipfel

steil
flach
niedrig
der Hügel
der Felsen
die Brücke
der Tunnel
die Seilbahn
der Wasserfall
das Echo

wandern
der Wanderweg
der Wanderschuh
der Rucksack
das Seil
sicher
schwindelig
rauf
runter
höher

das Gebirge
bergauf
die Bergspitze
das Gipfelkreuz
die Aussicht
die Höhe
der Hang

die Felswand
die Schlucht
die Höhle
der Bergsteiger
gefährlich
die Sicherheit
anseilen

der Schwindel
Ski fahren
der Skilift
die Lawine
zwischen
am höchsten

Entdeckst du den Wasserfall und das Gipfelkreuz?

Siehst du die Wege? Ein Weg geht in einen Berg hinein. Findest du ihn?

Rätsel: Was hört ohne Ohren, spricht ohne Mund und redet in allen Sprachen? [das Echo] Du weißt es nicht? Na, dann rufe mal ganz laut: „Hallo!“ in einer Unterführung! Antwortet dir jemand?

Erzähle! Worauf muss man beim Bergsteigen achten?

Was brauchst du alles, wenn du in den Bergen wandern willst?

Ergänze! Ein Berg ist ganz …

Was kann man in den Bergen im Sommer tun und was im Winter?

Die Burg am Wasser

Maries Familie ist an die See gefahren. Am Strand werfen sich Papa, Ole und Marie einen  Ball zu. Mama hat sich zuerst gesonnt, aber nun wird es ihr zu heiß und sie geht in den Schatten unter den  Sonnenschirm.

Marie lässt den  Ball fallen. „Ich will ins Wasser“, ruft sie und zieht ihre  Schwimmflügel an. Sie kann nämlich noch nicht schwimmen, sondern nur ein bisschen paddeln. „Komm mit, Ole!“

Aber Ole hat keine Lust. Das Wasser ist ihm viel zu nass. Also geht nur Mama mit Marie hinein.

Während die beiden im seichten Wasser planschen, holt Ole seine  Schaufel und fängt an, im Sand zu

buddeln. Er will eine  Sandburg bauen.
Papa hilft ihm dabei. „Ist die  Sandburg
nicht zu nah am Wasser?“, meint er, als
eine Welle fast bis an die Sandmauern kommt.
„Meine  Sandburg ist stark!“, ruft Ole.
Marie spritzt mit Wasser nach der  Sandburg,
aber das macht ihr natürlich nichts aus. Und auch
als der Wind zunimmt und die Wellen fast bis an
die Burgmauern treibt, bleibt sie standhaft.
Am Abend, sie sind schon längst wieder zu Hause,
ist der Wind zum Sturm geworden und rüttelt
wütend an den Fenstern. Ob die Burgmauern
das aushalten?
Aber Oles  Sandburg ist ja stark!

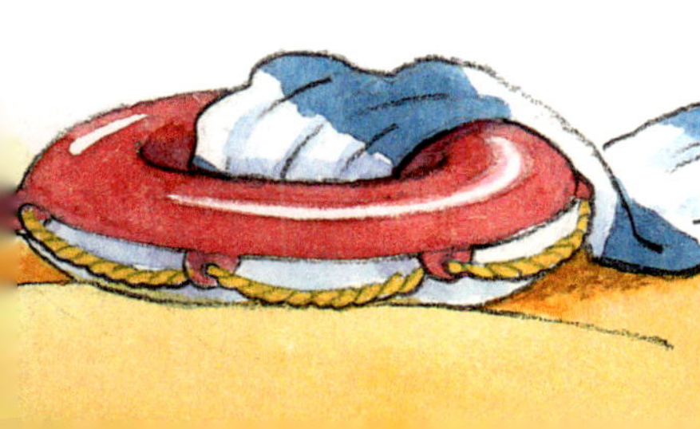

Tiere im Haus

der Hund
das Fell
bellen
beißen

die Katze
miauen
fressen

füttern
streicheln

---

das Tier
die Pfote
die Kralle
die Schnauze
knurren
heulen
der Schwanz
wedeln
die Hundeleine

das Kätzchen
kratzen
schnurren
das Meer-
schweinchen
der Hamster

das Kaninchen
die Maus
der Käfig
nagen
schnuppern
der Wellensittich
piepsen
zahm
die Schildkröte
das Futter
pflegen
die Laus

---

das Haustier
das Männchen
das Weibchen
der Welpe
hecheln

bissig
schnappen
der Maulkorb
der Fressnapf

die Streu
der Floh
der Tierarzt
die Impfung

Wer geht an der Leine?

Welche Tiere magst du streicheln?

Was brauchst du alles, wenn du einen Hund hast?

Fingerspiel „Die freche Maus“: Da kommt die Maus, da kommt die Maus (die Finger einer Hand krabbeln schnell und leicht den Arm des Kindes hinauf), klingelingeling (zupfen am Ohrläppchen), klingelingeling, ist jemand zu Haus?

Merke dir die Tiere und die richtige Reihenfolge! Hör erst zu: Katze – Maus – Schaf – Hamster – Hund. Welches von den Tieren aus dieser Reihe lebt nicht im Haus?

Wo schlafen die verschiedenen Tiere?

Was macht der Hund? Was machen die Katzen?

Tiere im Wald

das Eichhörnchen
der Fuchs
das Reh
der Hirsch
der Hase
der Igel
die Eule

der Kuckuck
der Käfer
die Ameise
der Wurm

das Versteck
die Haselnuss
der Fuchsbau
die Füchsin
das Rehkitz
das Wildschwein
der Dachs

der Winterschlaf
die Wespe
der Stachel
stechen
der Specht
klopfen

der Uhu
rufen
die Spinne
der Mistkäfer
die Zecke

das Wild
der Luchs
die Hirschkuh
das Hirschkalb
der Frischling

die Baumhöhle
der Wintervorrat
das Winterfell
der Ameisenhaufen
die Kreuzotter
die Blindschleiche

das Spinnennetz
das Wespennest
die Hornisse
summen
die Made
die Tollwut

Wo leben Ameisen?

Welche der Tiere können fliegen?

Mache mit deinen Eltern einen Waldspaziergang oder besucht einen Wildpark.

Welche Tiere findest du?

Ein „Winterfell“ ist ein Fell für den Winter, schön dick und warm. Was ist eine „Baumhöhle“? Und was ein „Spinnennetz“?

Ergänze!
Durch Feld und Wald läuft er ganz flugs, mit rotem Pelz, es ist der ... [Fuchs].

Welches Tier steckt in „**Beule**“?

Überlege! Welches Tier hält Winterschlaf?

die Kuh
die Milch
das Pferd
das Schaf

das Schwein
das Huhn
der Hahn
krähen

die Biene
die Fliege

das Kalb
der Stier
das Maul
das Euter
das Horn
der Huf
melken
muhen
weiden

das Fohlen
wiehern
der Esel
das Lamm
die Wolle
blöken
die Ziege
meckern

die Sau
das Ferkel
Junge kriegen
grunzen
quieken
die Gans
schnattern
gackern
die Küken
der Maikäfer

die Herde
das Rind
die Melkmaschine
die Tränke
der Kuhfladen
der Ochse

die Stute
der Hengst

die Zügel
der Sattel
die Peitsche
die Henne
Eier legen
die Ratte
die Schwalbe

Wer ist der „Mann“ vom Huhn?

Welche Tiere haben Hörner, welche haben Hufe?

Welche Tierstimmen kannst du schon nachahmen? Mache es vor!

Ergänze! Ferkel sind die Babys vom … Kennst du weitere Tierbabynamen?

Welche Tiere stehen auf der Weide?

Pantomime: Spiel deinen Mitspielern ein Tier vor. Sie müssen raten, welches Tier du bist.

Auf Bauernhöfen werden Kühe wegen der Milch gehalten. Weißt du schon, warum Menschen Schafe haben?

Tiere am und im Wasser

der Fisch
schwimmen
der Hai

der Wal
der Delfin
der Frosch
der Seehund

die Ente
der Schwan
die Mücke

fischen
der Hering
der Tintenfisch
die Qualle
die Muschel
der Krebs

die Kaulquappe
quaken
die Ringelnatter

der Fischer
der Lachs
die Forelle
der Aal
der Goldfisch

die Schuppe
die Flosse
die Kieme
die Gräte
der Krake
das Seepferdchen
der Seestern
die Krabbe
die Kröte

der Salamander
der Biber
der Fischotter
die Robbe
die Schwimmhäute
die Möwe
kreischen
die Libelle
die Larve

Welche Tiere schwimmen auf dem Wasser?

Was ist eine Kaulquappe?

Welche Tiere haben Beine, welche Flossen?

Welche Tiere aus deiner Liste findest du auf dem Bild?

Was macht Zeki?

Welche Tiere kann man essen? Welche hast du schon einmal gegessen?

Rätsel: Im Wasser schwimmt er schnell umher, im Fluss, im See und auch im Meer. Gebraten kommt er auf den Tisch. Nun sag es mir, es ist der … [Fisch].

Überlege! Wer quakt?

der Vogel
fliegen
das Nest

die Taube
der Spatz
der Rabe

zwitschern
flattern
brüten
der Flügel
die Feder
der Schnabel

der Storch
die Elster
die Amsel
die Krähe
hacken
zanken

das Vogel-
häuschen
das Vogelfutter
der Schmetterling
die Fledermaus

ein Nest bauen
schlüpfen
sich aufplustern
der Zugvogel
der Schwarm
der Raubvogel
der Geier
der Falke

der Adler
schweben
kreisen
der Singvogel
das Rotkehlchen
die Meise
der Eisvogel
der Reiher

das Insekt
die Raupe
die Puppe
einspinnen

Suche und zeige alle Vögel auf dem Bild!

Welche Tiere in deiner Liste haben keine Federn?

Wenn du im Winter ein Vogelhäuschen mit Vogelfutter aufstellst, kannst du viele Vögel beobachten.

Störche sind Zugvögel, das heißt, sie fliegen im Winter in warme Länder. Kennst du noch mehr Vögel, die das tun? Schau gemeinsam mit deinen Eltern in einem Buch über Tiere nach.

In welchen Wörtern steckt der „Vogel“?

Was meinst du, was die verschiedenen Vögel auf dem Bild gerade tun?

Was meinst du? Wofür braucht der kleine Spatz den Zweig?

Scherzfrage: Wie heißt ein dreckiger Vogel? [der Schmutzfink, der Dreckspatz]

Tiere im Zoo

der Affe
der Elefant
der Löwe
brüllen
der Tiger
der Bär
die Schlange
wild

der Schimpanse
der Gorilla
der Orang-Utan
der Rüssel
trompeten
der Stoßzahn
stoßen
das Nashorn
der Eisbär
der Panda
das Zebra
die Giraffe

das Kamel
das Krokodil
der Pinguin
der Papagei
der Tierpfleger
frei
eingesperrt
das Gitter

das Raubtier
sich anschleichen
lauern
die Mähne
die Tatze

das Rudel
der Streifen
das Lama
der Python
kriechen
sich häuten
die Kobra
das Gift
der Giftzahn
das Stachel-
schwein
der Flamingo
der Strauß
das Gehege
das Aquarium
einsperren

Welches Tier lebt in der Wüste? [das Kamel]

Zwei essen eine Banane. Zeige!

berlege! Welche Tiere
ind Raubtiere: Tiger –
ebra – Eisbär – Krokodil?

Wie heißen viele davon?
Ein Affe und viele …,
ein Elefant und viele …,
ein Tiger und viele …,
ein Gorilla und viele …,
ein Krokodil und viele …

Wer macht wen nach?

Was machen die Tiere auf dem Bild?

Weißt du schon, woher die Löwen kommen und wo sie frei leben? Lass es dir von deinen Eltern auf einer Karte zeigen!

Zähle die Wörter des Satzes:
„Giraffen haben keinen langen Hals!“

Welche Tiere säugen ihre Babys?

Ole und das Affenkind

Im Zoo wollen Ole und Marie als Erstes ins  Affen-Haus. Bei den  Affen ist es nämlich immer lustig. Heute turnen die Schimpansen in ihrem Käfig herum und spielen Fangen. Die Orang-Utans zupfen sich gegenseitig Läuse aus dem langen Fell. Der Tierpfleger hat den  Affen gerade ihr Futter gebracht:  Bananen und  Äpfel, außerdem dünne Zweige, an denen noch die  Blätter hängen. Die Gorillas zupfen sie ab und fressen sie. Die Schimpansenmutter schält eine  Banane und will sie in den Mund stecken. Doch da kommt das Schimpansenkind angeflitzt und schnappt sie ihr weg.

„Guckt mal, was der kleine Affe macht!“, ruft Marie. Alle schauen den kleinen Schimpansen an. Der schaut zurück. Er legt den Kopf schief. Er kratzt sich an der Stirn. Er streckt die Zunge heraus. Lauter Faxen macht er. Papa zückt seine Kamera, um ihn zu fotografieren.

„Guckt mal!“, ruft Marie wieder. „Guckt mal, was Ole macht!“

Ole legt den Kopf schief. Er kratzt sich an der Stirn. Er streckt die Zunge heraus. Lauter Faxen macht er, genau wie der kleine Affe. Und wer hat mit den Faxen angefangen? Der Affe oder Ole? Tja, das weiß keiner so genau.

spielen
die Puppe
der Teddy
der Bauklotz
der Turm

umwerfen
verstecken
fangen
das Puzzle
machen

das Spiel
die Spielregel
das Spielzeug
mitspielen
das Puppenhaus
der Bauernhof
das Spielzeugauto
die Murmel

würfeln
der Würfel
die Spielfigur
Glück haben
gewinnen
verlieren
Mensch ärgere dich nicht

Ich sehe was, was du nicht siehst
das Rätsel
raten
richtig
falsch

der Mitspieler
das Stofftier
die Ritterburg
die Modelleisenbahn
die Rennbahn
das Brettspiel
das Domino

das Kartenspiel
das Quartett
schummeln
der Gewinner
der Verlierer
das Computerspiel
der Joystick

das Topfschlagen
das Sackhüpfen

Womit möchtest du spielen?

Kennst du das Spiel „Mensch ärgere dich nicht“? Erkläre die Spielregeln! Lass dir von deinen Eltern helfen!

Kennst du ein Würfelspiel? Welches?

Bastelt zusammen ein Puzzle! Nimm dir eine Postkarte. Zerschneide die Postkarte in zwölf Teile. Mische die Teile. Jetzt kannst du puzzeln.

Überlege: Was kannst du allein spielen, wofür brauchst du einen oder mehrere Mitspieler?

Welche Spielsachen hast du auch zu Hause?

Suche und zeige das Puzzle!

Womit spielt Ole?

Wir malen und basteln

malen
das Papier
das Blatt
der Stift

die Farbe
die Fingerfarbe
die Knete
kneten

kleben
rund
eckig
schneiden

bemalen
der Buntstift
der Wachsmalstift
der Filzstift
der Pinsel

die Wasserfarbe
der Malkasten
basteln
die Pappe
der Ton
stecken
ausschneiden
der Klebstoff
aufkleben

bekleben
die Collage
aufhängen
die Schnur
schön finden
genau

zeichnen
der Bleistift
der Radiergummi
der Kugelschreiber
kritzeln
der Füller
das Lineal
eine Linie ziehen

die Form
der Kreis
das Viereck

das Dreieck
zerschneiden
das Buntpapier
falten
knicken
biegen
sorgfältig
die Schachtel

Welche Farben haben Oles Knetstücke?

Womit kannst du malen?

Was kannst du mit Papier machen?

Was malt Marie?

Male etwas auf den Rücken deiner Mutter / deines Vaters. Zum Beispiel: eine Sonne, einen Mond, ein Schiff, einen Ball oder ein Haus. Deine Eltern müssen raten, was du gemalt hast. Ihr könnt natürlich auch die Rollen tauschen!

Was findest du auf dem Bild wieder?

Schau dich im Zimmer um! Was ist eckig, was ist rund?

Sport macht Spaß

rennen
um die Wette laufen
Ball spielen
der Fußball

schwimmen
turnen
der Purzelbaum
die Matte
der Hüpfball

festhalten
reiten

der Sport
Fußball spielen
das Tor
schießen

das Schwimmbad
der Schwimmflügel
tauchen
der Schlittschuh
das Eislaufen

der Tanz
tanzen
kämpfen
der/die Beste
der/die Erste

der Lauf
der Läufer
hinken
kicken
treten
der Trainer
die Mannschaft
der Verein
das Spielfeld
Federball spielen

der Kopfstand
ein Rad schlagen
das Springseil
der Sprung
der Wurf
das Seepferdchen schaffen
der Inliner
der Tänzer
das Ballett

das Judo
das Karate
der Griff
der Sieg
siegen
das Geschrei
der Wettkampf
schlagen
die Weltmeisterschaft

Wer spielt Ball? Zeige!

Bei welcher Sportart bewegst du dich im Wasser, bei welcher auf dem Eis?

Ergänze: Was macht der Läufer?
Der Läufer läuft.
Der Reiter …
Der Tänzer …

Weißt du schon, was du für das Seepferdchen-Abzeichen tun musst?

Zähle die Matten!

Warum braucht man zum Turnen oft eine Matte?

Turne doch mal mit deinen Eltern! Können sie alles nachmachen, was du vormachst?

Für manche Sportarten braucht man eine Mannschaft. Kennst du solche Sportarten?

lesen
vorlesen
das Buch
das Bilderbuch
erzählen
die Geschichte
Fernsehen gucken
das Sand-
männchen
ausschalten
anschalten
der Film

umblättern
die Seite
das Lieblingsbuch
das Abenteuer
das Kinderbuch
das Märchenbuch
zuhören
sich fürchten
die Zeitung
knistern
die Sendung
die Kindersendung
der Trickfilm
der Märchenfilm
der Tierfilm
die Nachrichten
die Werbung
Radio hören
Musik hören
das Lied

blättern
nacherzählen
die Fantasie
vielleicht

das Gedicht
das Geheimnis
schweigen
der Witz
witzig
der Reim
der Text
die Melodie
das Lexikon
das Kinderlexikon
nachschlagen
der Sender
die Fernbedienung
das Programm

Was machen Zeki und seine Mutter?

Was kann man nur hören?
Was kann man hören und anschauen?

Wie heißt dein Lieblingsbuch?

Was darfst du schon im Fernsehen ansehen?

Was macht man mit einem Lexikon? Hast du schon ein Lexikon?

Summe ein Lied ohne Text! Lass andere erraten, welches Lied du summst.

Kennst du ein Gedicht? Sag es auf!

Hast du einen Lieblingsfilm? Welchen?

Wir fahren in den Urlaub

wegfahren
das Hotel
der Campingplatz
das Zelt aufbauen
die Luftmatratze
der Koffer
die Sonnenbrille
das Foto

in Urlaub fahren
packen
mitnehmen
auspacken
vergessen
fehlen
das Ferienhaus
die Pension
der Campingwagen
gemütlich
zelten
die Sonnencreme
der Sonnenbrand
der Sonnenschirm
toben
faulenzen
die Postkarte
fotografieren
das Fotoalbum
einkleben
sich erinnern

der Sommerurlaub
verreisen
das Reisebüro
die Landkarte
der Urlaubsort
aussuchen
buchen
die Reisetasche
das Gepäck
der Pass
die Passkontrolle
der Zimmer-schlüssel
der Zeltplatz
die Zeltstange
der Hering
der Schlafsack
erholen
sich ausruhen
der Fotoapparat
die Digitalkamera

Was ist in Oles Koffer?

Wo macht Maries Familie Urlaub?

Wo warst du schon im Urlaub? Schau dir gemeinsam mit deinen Eltern Urlaubsfotos an!

Wo kann man eine Reise buchen?

Überlege! Was braucht man zum Zelten?

Was meinst du? Ist auf dem Bild Sommer oder Winter? Woran erkennst du das?

Ergänze: Marie sitzt auf einer ... [Luftmatratze]. Was kannst du noch mit einer ... machen?

Wir machen einen Ausflug

spazieren gehen
der Weg
die Trinkflasche
das Picknick
der Zoo

der Zirkus
der Clown
klatschen
wohin

---

der Ausflug
der Spaziergang
die Gruppe
zu zweit

zurückbleiben
sich verlaufen
suchen
finden
die Schatzsuche
der Picknickkorb
das Theater
der Kasper
der Räuber

die Waffe
der Pfeil
der Bogen
der Speer
die Indianerin
schleichen
stolz
das Pony

---

auskundschaften
die Umgebung
das Ziel
planen
vorhaben
die Schnitzeljagd

das Kindertheater
der Vorhang
das Puppentheater
die Marionette
die Manege
der Zirkusdirektor

der Akrobat
das Museumsdorf
damals
die Hütte
das Lagerfeuer

Wer auf dem Bild hat ganz große Schuhe an? Zeige!

Was gibt es alles im Zirkus?

Das Wort „Zirkusdirektor“ kannst du aufteilen in die Wörter „Zirkus“ und „Direktor“. Welche Wörter kannst du noch aufteilen?

Was kann man im (Puppen-) Theater sehen?

Wohin hast du mit deinen Eltern das letzte Mal einen Ausflug gemacht?

Schneide Fratzen wie ein Clown!

Gehst du gern in den Zirkus? Was magst du dort besonders?

Ein Tag im Museum

gucken
das Bild
hängen

der Dino
staunen
wann

das Museum
die Eintrittskarte
der Maler
sich vorstellen

der Dinosaurier
das Mammut
riesig
trampeln
die Eiszeit
vor langer Zeit
verschwinden

der Eintritt
besichtigen
bedeuten
die Ausstellung
die Figur
die Statue
die Zeichnung
der Künstler
herrschen
die Herrscherin

der Steinzeit-
mensch
der Neandertaler
Ägypten
die Ägypterin
der Pharao
die Pyramide
die Mumie
das Grab

der Römer
die Griechin
der Tempel
die Göttin
der Krieger
aussterben

Wo ist Zeki?

Gehe mit
deinen Eltern
in ein Museum!

Was brauchst du, um in
ein Museum zu kommen?

Überlege! Welche Tiere sind
bereits ausgestorben?
Weißt du auch, warum?

Was schaut sich Zeki an?

In diesem Museum gibt es
viele verschiedene Dinge.
Was kennst du schon?

Was hast du schon
mal gesehen? Wo?

Wir machen ein Experiment

fragen
versuchen
probieren
passieren

eins
zwei
drei

noch mal
was
wer
wo

mischen
zuschauen
der Versuch
herausfinden
die Lupe
forschen
erfinden

erklären
glauben
wissen
zählen
wiegen
neugierig
geduldig

schlau
warum
wie
am meisten
doch

Fragen stellen
das Experiment
das Labor
die Pinzette
der Apparat
konstruieren
die Forscherin
sich interessieren
für
überlegen

nachdenken
beobachten
wiederholen
prüfen
messen
erkennen
der Wissenschaftler
der Entdecker
entdecken
begreifen

klug
das Interesse
die Erklärung
der Zufall
welcher, welche,
welches
wieso
weil
wenn ..., dann ...
weshalb

Was macht Marie?

Was machen Wissenschaftler?

Wie muss man sein, um etwas herauszufinden?

Wie weit kannst du schon zählen? Mache es vor!

Wozu braucht man eine Lupe?

Kennst du einen Wissenschaftler oder einen Entdecker? Frage deine Eltern!

Mache doch mal ein kleines Experiment: Nimm eine weiße Blume (zum Beispiel eine weiße Nelke) und eine Blumenvase. Fülle die Blumenvase mit Wasser und gib etwas blaue oder rote Tinte hinzu. Nun stelle die weiße Blume in die Vase. Was passiert nach ein bis zwei Stunden? Warum passiert das?

das Märchen
der König
die Königin
die Prinzessin
der Prinz

das Schloss
die Krone
die Hexe
hexen
zaubern

der Riese
der Zwerg
gut
böse
lügen
so

der Anfang
Es war einmal ...
der Held
der Ritter
die Rüstung
das Schwert
tapfer
die Burg
der Brunnen
der Thron
der Diener

die Elfe
die Fee
der Engel
der Teufel
das Gespenst
spuken
gruseln
der Wolf
die Stiefmutter
der Schatz
spannend

der Zauberer
der Zauberstab
verzaubern
So leben sie noch heute.
das Ende

der Märchenwald
verirren
der Palast
der Hof

der Narr
der Kobold
das Ungeheuer

die Aufgabe
die Schatztruhe
verwünschen

Welche Märchen kannst du entdecken?

Wer wohnt auf einem Schloss?

In welchem Märchen gibt es eine böse Stiefmutter?

Wähle eine Märchenfigur aus und erzähle das Märchen nach!

Suche die Hexe! Was macht sie?

Denke dir eine Geschichte aus! Die Geschichte beginnt so: „Die Hexe konnte eines Tages ihren Besen nicht finden …“

Du bekommst einen Zauberstab!
Was würdest du dir zaubern?
Wen würdest du verwünschen?

Spieletag

Sonntag ist bei Zekis Familie Spieletag. Nachmittags spielen sie immer zusammen  Karten oder  Domino und haben viel Spaß dabei.

An diesem Sonntag sagt Mama:

„Draußen scheint so schön die  Sonne, wir sollten einen Ausflug machen.“

Was, einen Ausflug an ihrem Spieletag?

„Wir besuchen die  Affen im Zoo“, schlägt Mama vor. Aber im Zoo war Emre gerade erst mit der Schule.

„Dann gehen wir eben ins Museum“, sagt Papa. „Da gibt es eine tolle Ausstellung über  Dinosaurier.“ Aber im Museum haben sie doch auch nichts von der schönen  Sonne.

Was sollen sie also machen?  Fußball spielen möchte Mama nicht. Spazieren gehen möchte Zeki nicht. In den Märchenwald möchte Emre nicht.
„Ich weiß es!“, ruft Papa. „Wir gehen ins Freibad.“
Dazu haben alle Lust. Sie packen ihre Badesachen ein und Mama nimmt noch ihre  Trinkflaschen und den  Picknickkorb mit. Doch als sie aus der Haustür treten, machen sie große Augen:
Die  Sonne ist weg und es regnet!
„Und jetzt?“, fragt Mama ratlos.
„Ich weiß es!“, ruft Zeki. „Wir spielen  Karten und  Domino.“ Und das machen sie dann auch. Sonntag ist schließlich Spieletag. Und wie immer haben sie ganz viel Spaß dabei.

Bald gehe ich in die Schule

die Schule
das Buch

lesen
schreiben
können

die Kreide
malen
singen

die Ferien
die Klasse
der Schüler
das Schulkind

die Lehrerin
streng
das Heft
die Tafel
der Buchstabe
das Wort
die Zahl

die Pause
der Schulhof
lernen
rechnen
üben
sich anstrengen

die Schultüte
schüchtern
die Schultasche
das Schulbuch
das Mäppchen
das Pausenbrot
der Schulbus
der Schulweg
das Klassen-
zimmer

der Sportplatz
die Turnhalle
der Mitschüler
zu spät kommen
verschlafen
die Schulstunde
das Arbeitsblatt
das Zeugnis
der Stundenplan
der Hausmeister

Womit schreibt man an die Tafel?

Wann gehen Schüler nicht zur Schule?

Was möchtest du in der Schule lernen?

Was brauchst du für die Schule?

Kannst du schon deinen Namen schreiben? Mache es vor!

Wo ist Zekis Bruder? Was tut er gerade?

Was macht man in der Schule?

Bei Polizei und Feuerwehr

helfen
die Polizei
die Polizistin
das Polizeiauto
die Sirene
klauen
fangen

das Feuer
brennen
löschen
die Feuerwehr
retten

die Wache
das Blaulicht
das Polizeiboot
die Uniform
die Pistole
die Handschellen

der Dieb
das Gefängnis
der Unfall
der Feuerwehr-
mann
der Helm

die Taschenlampe
das Feuerwehrauto
das Streichholz
die Flamme
der Rauch
der Schlauch

die Polizeiwache
die Verkehrspolizei
der Strafzettel
der Polizeihund
der Schutz
bewachen
der Verbrecher
die Spur

verdächtig
festnehmen
der Taschendieb
der Ladendiebstahl
erwischen
anzeigen
der Einbruch
stehlen

der Schaden
der Steckbrief
die Gefangene
verhören
der Notruf
ausfahren
der Feueralarm

Was gehört zur Polizei?

Die Polizisten haben einen Dieb festgenommen. Was hat er gestohlen? Weißt du, was jetzt mit ihm passiert?

Was macht die Feuerwehr?

Silbendetektiv: Suche Wörter mit vier Silben. Mache den Klatschtest!

Was machen die Polizisten?

Was gehört zur Feuerwehr?

Weißt du schon, wie du die Feuerwehr rufen kannst? Lass es dir von deinen Eltern erklären und übe mit ihnen! [Wer? Wo? Was?] Wann musst du den Notruf anrufen?

Im Krankenhaus

der Doktor
der Krankenwagen
das Krankenhaus
die Kranken-
schwester

der Arzt
die Kinderärztin
die Arzthelferin
der Kittel
weiß
der Notfall

der Verband
die Watte
der Ausschlag
einreiben
untersuchen

der Augenarzt
der Ohrenarzt
die Praxis
die Kinderklinik
der Patient
der Pfleger
das Kranken-
zimmer
die Untersuchung
das Stethoskop
abhören
das Krankenbett
betäuben
die Operation
operieren
der Operationssaal
die Mandeln
rausnehmen
die Blinddarm-
entzündung
der Beinbruch
röntgen
der Gips
eingipsen
die Krücke
der Rollstuhl
damit

Wer ist bei Ole?

Ole hat zwei Freunde mitgebracht: Sein Schnuffeltier und ...?

Hier ist die Reihenfolge der Silben durcheinandergeraten. Setze die Silben richtig zusammen:
klinik – Kinder, suchung – Unter, schwester – Kranken, bruch – Bein.

Wo ist Ole?

Welche Krankheiten kennst du?

Warst du schon einmal im Krankenhaus? Warum?

Wann bekommt man einen Verband?

Welche Farbe hat die Kleidung von Ärzten und Krankenschwestern?

In der Fabrik

der Arbeiter
arbeiten

die Fabrik
die Maschine
der Roboter

die Werkstatt
der Meister
der Job
das Lager

das Rohr
die Stange
das Eisen
das Plastik
der/das Gummi

das Werk
die Direktorin
der Schmied
der Schreiner
die Halle
das Fließband
das Werkzeug
die Feile
die Bohrmaschine
der Schraubstock
herstellen
eine Maschine
bedienen

der Lagerraum
sortieren
das Bergwerk
das Metall
die Kohle
das Gas
der Kunststoff
arbeitslos
der Streik

der Lohn
verdienen
die Kantine

Ergänze: Hier arbeiten drei Menschen und ein ... [Roboter].

Was fehlt noch an dem Auto?

Welche Dinge aus Gummi kennst du?

Was reimt sich?
Feile – Teile – Meise –
Seile / Halle – Stall –
Falle – Schnalle

Du nennst ein Werkzeug, ein anderer nennt den passenden Beruf dazu. Du kannst auch einen Beruf nennen und ein anderer nennt das passende Werkzeug.

Was wird in dieser Fabrik gebaut?

Wer bestimmt in der Werkstatt?

Im Büro

die Arbeit
das Büro
das Telefon
der Brief

der Schreibtisch
der Computer
der Bildschirm
das Kabel
die Maus
klicken
der/das Laptop

die E-Mail
schicken
telefonieren
das Handy
der Chef
die Post
der Briefträger

das Klebeband

der Beruf
die Firma
der Rechner
das Programm
die Tastatur
tippen
eingeben
die Datei
sichern
anklicken

drucken
der Drucker
das Internet
der Ordner
die Rechnung
die Verabredung
bestimmen
entscheiden
das Team
besprechen

der Kollege
die Sekretärin
der Mitarbeiter
das Päckchen
der Umschlag
die Bank
das Konto
das Sparbuch
arm
reich

Was macht Zekis Mama gerade?

Was kann man mit dem Computer machen?

Wer arbeitet im Büro?

Was gehört zum Computer?

Was steht auf dem Tisch von Zekis Mama?

Welche zwei Wörter gehören zusammen?
Post – telefonieren – Computer – Telefon – Maus – Drucker – Briefträger – drucken.

Wer bringt die Post?

der Müll
das Müllauto
der Müllmann

das Rathaus
der Pfarrer
die Müllabfuhr
wegwerfen

kehren
die Kehrmaschine

die Bürgermeisterin
der Politiker
der Bürger

der Migrant
der Einwanderer
der Flüchtling
der Beamte
das Amt
die Steuer
die Urkunde
unterschreiben
der Personal-
ausweis
melden
anmelden

abmelden
das Sozialamt
das Arbeitsamt
das Gericht
der Richter
das Gesetz
vor Gericht stehen
beraten
die Mülltrennung
der Glascontainer
der Sperrmüll
das Altpapier

Was siehst du? Erzähle!

Wer hat gerade etwas weggeworfen?

Wer bestimmt in einer Stadt?

Welche Ämter kennst du? Was macht man dort?

Entdeckst du Zeki?

Wo arbeiten die Menschen mit den orangefarbenen Anzügen?

Spiele „Stille Post" mit deinen Eltern und Freunden!

Hast du eine Urkunde zu Hause? Wofür hast du sie bekommen?

Im Einsatz

„Tatütata!“ Ole rast über den Bürgersteig. Er ist ein Krankenwagen und muss Marie ganz schnell ins Krankenhaus fahren. Marie hat einen Beinbruch oder ein Loch im Kopf, das weiß Ole nicht so genau. Dazu muss Zeki sie erst mal untersuchen. Zeki ist der Arzt.

„Tatütata!“ Ein Feuerwehrauto rast mit Blaulicht und Sirene an ihnen vorbei und bremst vor dem Haus am Ende der Straße. Sofort hören Marie, Ole und Zeki auf zu spielen. Brennt es etwa in dem Haus? Da springen auch schon die Feuerwehrleute aus dem Feuerwehrauto und rollen den Schlauch aus.

Aufgeregt schauen die Kinder zu. Vor dem  Haus haben sich eine Menge Leute versammelt. Aus dem Fenster im ersten Stock quillt dicker  Rauch.

„Da wohnt doch die alte Frau Klein!“, ruft Marie erschrocken. Frau Klein ist immer so nett zu ihnen. Hoffentlich ist sie nicht verletzt! Schon rennt ein Feuerwehrmann ins  Haus, um die alte Dame vor dem  Feuer zu retten.

„Was ist denn hier los?“, fragt jemand und als Marie sich umdreht, steht da Frau Klein.

Sie ist in die Stadt gefahren und hat vergessen, den  Herd auszustellen! Zum Glück ist das  Feuer schnell gelöscht. Und alle sind froh, dass Frau Klein nichts passiert ist.

an der Hand gehen
über die Straße gehen
rennen
stehen bleiben

das Auto
die Ampel
rot
gelb
grün

warten
das Fahrrad
schnell
langsam
die Pfütze

die Fußgängerin
das Ampelmännchen
der Zebrastreifen
sich umschauen
aufpassen
ausweichen
der Gehweg
der Radweg

der Fahrradhelm
der Lenker
lenken
die Bremse
bremsen
anhalten
die Klingel
das Licht
die Pedale

die Kette
die Speiche
rutschig
verboten

die Fußgängerampel
die Fußgängerzone
der Bordstein
geradeaus

abbiegen
rechts
links
das Verbot
das Verkehrsschild

die Vorfahrt
leichtsinnig
gefährlich
denn

Wann darfst du über die Straße gehen?

Zähle die Teile des Fahrrads auf!

Wer oder was steht rechts neben Zeki?

Welche Verkehrsschilder kennst du schon? Besprich mit deinen Eltern, was du im Verkehr darfst und was nicht.

Was meinst du, warum heißt der Zebrastreifen „Zebrastreifen“?

Wie viele Fußgänger gibt es auf dem Bild? Zeige!

Worauf musst du achten, wenn du in der Stadt Fahrrad fährst?

das Auto
der Bus
das Rad

fahren
hupen

die Ecke
die Kreuzung

die Fahrbahn
die Spielstraße
vorsichtig
der Wagen
der Busfahrer
das Motorrad
das Taxi
der Stau

weiterfahren
überholen
rasen
der Unfall
zusammenstoßen
parken
schmal
breit

der Verkehr
die Kurve
die Autobahn
die Hauptstraße
die Landstraße
die Einbahnstraße
das Stoppschild

die Fahrt
der Taxifahrer
der Verkehrs-
polizist
Gas geben
unvorsichtig
die Umleitung
sich verfahren

der Parkplatz
das Kopfstein-
pflaster
holprig

Welche Fahrzeuge kennst du?

Ein Unfall! Was ist passiert? Erzähle!

Bilde Brückenwörter! Zum Beispiel:
Haupt – Straßen – Rand
[Hauptstraßen, Straßenrand]

Welcher Fahrer fährt ein Taxi? [der Taxifahrer] Welcher Fahrer fährt einen Bus, wer fährt ein Auto? Und wer fährt einen Zug?

Siehst du die Spielstraße? Zeige! Gibt es eine Spielstraße in deiner Nähe?

Wo fährt der Bus? Wer sitzt im Bus?

Womit fährst du? Erzähle!

der Kindersitz
anschnallen
mitfahren
der Motor
die Hupe
blinken

die Fahrerin
vorn
losfahren
der Gurt
der Rücksitz
hinten
die Scheibe
das Lenkrad
die Bremse
der Blinker
der Autoschlüssel
das Autoradio
die Antenne
das Autodach
der Kofferraum
das Nummern-schild
der Reifen
das Blech
der Kratzer
die Panne
die Werkstatt

der Beifahrer
das Fahrzeug
der Sicherheitsgurt
der Scheinwerfer
der Rückspiegel
der Scheiben-wischer
die Kofferraum-klappe
der Verbands-kasten
die Tankstelle
tanken
das Benzin
der Diesel
der Auspuff
die Abgase

glänzend
gebraucht
rostig
reparieren
der Auto-mechaniker
die Fahrschule
der Führerschein

Wo sitzt du im Auto? Zeige!

Überlege! Was muss Mama machen, wenn sie mit dem Auto abbiegen will?

Wer geht zur „Fahrschule“?

Überlege gemeinsam mit deinen Eltern! Welche Teile des Autos sind wichtig für die Sicherheit?

Welche Autoteile kennst du schon? Zähle auf!

Ergänze: Mit der Hupe kann man … [hupen]. Mit der Bremse kann man … Mit dem Blinker kann man …

Zähle die Reifen!

Auf der Schiene

die Eisenbahn
der Zug
der Bahnhof
die Schiene

die Straßenbahn
halten
einsteigen
der Platz

aussteigen

der ICE
die U-Bahn
die S-Bahn
die Fahrkarte
die Haltestelle
der Bahnsteig
die Brücke

der Ausgang
das Gleis
die Lokomotive
der Waggon
anhängen
ziehen
quietschen

abfahren
ankommen
umsteigen

die U-Bahn-Station
die Ansage
der Lautsprecher
die Schranke
das Signal
die Weiche
der Fahrkarten-automat
der Fahrkarten-schalter

das Reisezentrum
die Auskunft
der Fahrplan
pünktlich
unpünktlich
die Verspätung
der Großraum-wagen
der Gang
das Abteil

der Sitzplatz
die Notbremse
der Fahrgast
der Zugbegleiter
der Schaffner
kontrollieren
der Lokführer
der Zugführer
nah
weit

Wer steigt in den Zug ein?

Überlege! Was fährt alles auf Schienen?

In deiner Wortliste sind viele sehr lange Wörter. Welches hat die meisten Silben? Finde es durch Klatschen heraus.

„Ich sehe was, was du nicht siehst.“ Dieses Spiel geht so: Du suchst dir unbemerkt einen Gegenstand auf dem Bild aus. Zum Beispiel den grünen Koffer. Jetzt sagst du: „Ich sehe was, was du nicht siehst, und das ist grün.“ Deine Eltern müssen nun raten, welchen Gegenstand du meinst.

Wo steigt man in einen Zug ein? [im Bahnhof]

Was brauchen deine Eltern, wenn sie mit dem Zug fahren wollen?

Du möchtest wissen, wann und wo ein Zug abfährt? Was kannst du machen?

Schiffe und Seefahrt

schwimmen
das Boot
das Schiff
der Dampfer
fahren
der Hafen
der Kapitän

das Segelboot
die Fähre
das Ruderboot
das Schlauchboot
das Rettungsboot
das Floß
paddeln
das Ruder
rudern
das Segel
segeln
der Anker
schwanken

seekrank
die Schwimmweste
untergehen
ertrinken
der Matrose
der Pirat
der Leuchtturm

das Motorboot
das U-Boot
das Kanu
der Kanal
die Schleuse
der Steg
anlegen
ablegen
auslaufen
der Kurs
das Deck
die Flagge
die Kabine
das Bullauge
die Reling
die Schiffs-schraube
der Rettungsring
ankern
das Leck
SOS funken
kentern
sinken
der Seemann
der Lotse
die Boje

Warst du schon einmal auf einem Schiff?

Kennst du die Teile eines Schiffs?

Welche Boote kennst du? Die Wörterliste kann dir helfen!

Ein Motorboot hat einen Motor, der es antreibt. Was treibt ein Segelboot an?

Überlege gemeinsam mit deinen Eltern: Was ist wichtig für die Sicherheit auf einem Schiff?

Wie viele Leute fahren mit der Fähre? Zähle!

Flugzeuge und Flugverkehr

die Luft
das Flugzeug

der Flügel
fliegen

die Pilotin

der Hubschrauber
der Ballon
der Flughafen
rollen
starten
der Start
abfliegen

landen
die Landung
der Fallschirm

das Düsenflugzeug
das Segelflugzeug
der Heißluftballon
gleiten
schweben
der Kontrollturm
die Startbahn
die Landebahn
das Rollfeld
der Radarschirm
die Sicherheits-
kontrolle

das Cockpit
der Propeller
der Rumpf
die Tragfläche

das Fahrwerk
ausfahren
einziehen
der Abflug
der Tank
der Treibstoff
die Flugangst
abstürzen
der Kopilot
der Flugbegleiter
der Passagier
das Flugticket

Was gehört alles zu einem Flugzeug? Zeige!

Weißt du, was ein Fallschirm ist?

Bist du schon mit dem Flugzeug geflogen? Wohin? Erzähle!

Ergänze: Das Flugzeug fliegt in der … [Luft].

Was ist auf einem Flughafen anders als in einem Bahnhof?

Was macht das Flugzeug beim Start? Und was bei der Landung?

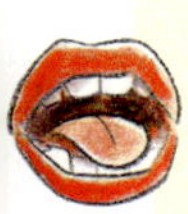

Wer kann es am schnellsten sagen: Wenn Fliegen hinter Fliegen fliegen, fliegen Fliegen Fliegen nach.

Wer steuert das Flugzeug?

bringen
holen

der Laster
der Sack
die Kiste
heben

der Kran
stapeln
schwer
leicht

der Lastwagen
der Güterzug
der Tanker
das Lager
der Karton

einladen
ausladen

hochheben
festbinden
festschrauben
liefern

transportieren
der Transport
der Lkw
der Lieferwagen
der Abschlepp-
wagen
der Tanklastwagen
der Frachter
der Laderaum
die Ladung

der Container
die Luftpost
lagern
der Lagerraum
die Palette
der Gabelstapler
beladen
aufladen
verrutschen
umkippen

abladen
abliefern
der Zoll

Entdeckst du die Kräne?

Zähle die Kisten auf dem Lastwagen, die du siehst!

Erkläre: Was ist der Unterschied zwischen „aufladen“ und „abladen“?

Wenn ihr das nächste Mal auf der Autobahn seid, achte mit deinen Eltern auf Lastwagen. Könnt ihr erraten, was sie transportieren?

Was ist auf dem Laster?

Womit werden hier Kisten und Container transportiert?

Siehst du die Kiste, die gerade herunterfällt? Was glaubst du, ist passiert? Erzähle!

Die Busfahrt

„Heute besuchen wir Tante Lena“, sagt Mama.

„Da will ich mit der  Straßenbahn hinfahren!“, ruft Ole.

„Nein, wir fahren wie immer mit dem  Bus“, sagt Mama. „Das geht am schnellsten.“

Zur  Haltestelle rennen sie, weil Ole mal wieder beim Anziehen getrödelt hat. Aber an der  Ampel müssen sie trotzdem stehen bleiben und auf das grüne Ampelmännchen warten. Erst dann können sie über die Straße gehen. Und da biegt auch schon der  Bus um die Ecke und hält neben ihnen an. Sie steigen ein. Mama löst eine  Fahrkarte vorne beim Fahrer.

„Was für ein Glück, dass wir den  Bus noch erwischt haben“, sagt sie und atmet tief durch.

Ole schaut aus dem Fenster nach einem  Motorrad. „Mama, wo sind wir hier?“, fragt er.

Jetzt sieht auch Mama nach draußen.

„Wir sind ja in den falschen  Bus gestiegen!“, ruft sie.

„Wo wollen Sie denn hin?“, fragt ein anderer Fahrgast. Und als Mama ihm die Straße nennt, in der Tante Lena wohnt, sagt er:

„Am besten steigen sie an der nächsten  Haltestelle in die  Straßenbahn um.“

Ole freut sich. Jetzt kommt er also doch noch zu seiner  Straßenbahn-Fahrt!

Wie ist das Wetter heute?

der Himmel
blau
die Sonne
scheinen
die Wolke
der Regen
regnen

der Blitz
der Donner
der Schnee
schneien
der Wind
blasen

der Regenbogen
der Regentropfen
tropfen

der Hagel
hageln
der Nebel
blitzen
donnern
das Gewitter
die Schneeflocke

das Eis
zufrieren
der Eiszapfen
schmelzen
matschig
der Sturm
grau

der Sonnenschein
blenden
aufgehen
untergehen
nieseln
der Tau

der Blitzschlag
krachen
einschlagen
der Frost
der Raureif
Es friert.
tauen

windstill
der Windstoß
wehen
stürmen
pfeifen

Wie ist das Wetter?

Marie hat einen Regenschirm. Warum sieht er so komisch aus? Was ist passiert?

Ergänze! Aus einer Wolke fällt …, die Sonne …, bei Gewitter sieht man …, wenn Schnee schmilzt, dann wird alles ganz …

Warum ist ein Gewitter gefährlich? Rede mit deinen Eltern darüber!

Vom Himmel fällt's, tut sich nicht weh, ist weiß und kalt, es ist der … [Schnee].

Was kann man bei diesem Wetter machen?

Weißt du schon, wie ein Regenbogen aussieht? Beschreibe! Lass dir erzählen, wann ein Regenbogen entsteht!

das Wetter

der Wetterbericht
die Wetterkarte
der Regenschirm

sonnig
kühl
windig
stürmisch

die Wetter-
vorhersage
ungefähr
voraussagen
vorhersagen
messen
die Wetterstation
die Temperatur

die Hitze
die Kälte
das Thermometer
steigen
fallen
ablesen
im Schatten
der Regenschauer
der Wolkenbruch
die Nässe
regnerisch

klar
schwül
feucht
wolkig
bedeckt
bewölkt
neblig
das Glatteis
die Windstärke
die Windrichtung
der Orkan
der Wirbelsturm
der Sturmschaden

Schau dir das Bild zusammen mit deinen Eltern an. Lass dir zeigen, wo ihr wohnt. Wie ist dort das Wetter?

Welches Wetter magst du? Male ein Bild!

Ergänze! Wenn der Wind weht, dann ist es … Wenn die Sonne scheint, ist es …

Heute bist du der/die Wettermann/-frau und machst die Wettervorhersage!

Schau aus dem Fenster! Wie ist das Wetter heute?

Was meinst du: Wo auf der Karte ist das Wetter am schönsten? Zeige!

Erkläre die Zeichen auf der Wetterkarte! Lass dir dabei helfen!

Das Gewitter

Am Abend eines heißen Tages verschwindet die  Sonne hinter dunklen  Wolken. Papa hat Schweißtropfen auf der Stirn. „Es ist so schwül“, stöhnt er. „Heute Nacht gibt es kräftige Regenschauer und  Gewitter “, kündigt der Wetterbericht im Fernsehen an. Zeki zieht den  Kopf ein. „Mama, darf ich heute Nacht bei euch schlafen?“, bettelt er. Emre zeigt mit dem 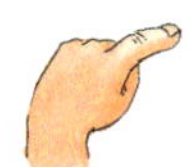 Finger auf ihn und spottet: „Du Angsthase!“

Mama versucht Zeki zu beruhigen: „Wenn du schläfst, wirst du vom  Gewitter nichts hören.“

Trotzdem wird Zeki in der Nacht wach.
Draußen pfeift der Wind. Zeki kriecht tiefer unter seine Decke. Ob jetzt das  Gewitter kommt? Auf einmal wird es hell in seinem Zimmer – ein Blitz zuckt am Himmel.
Im nächsten Moment donnert es ganz laut.
Zeki hält sich die  Ohren zu. Doch dann knallt es gleich noch einmal: Dicke Hagelkörner schlagen gegen das  Fenster. Und der Wind heult immer lauter. Jetzt ist es Zeki völlig egal, ob sein großer Bruder über ihn lacht. Er rast ins Schlafzimmer und kriecht zu Papa und Mama ins  Bett. Und da, zwischen den beiden, liegt schon Emre und hält sich die 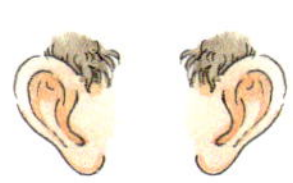 Ohren zu.

der Tag
die Nacht
der Morgen
der Mittag
der Abend

früh
spät
dann
da

die Zeit
die Uhr
morgens
aufstehen
wach werden
mittags
abends
nachts

am Tag
heute
gestern
morgen
später
früher
sofort

jetzt
gleich
bald
bis
nach
nie
oft
immer

der Uhrzeiger
der große Zeiger
der kleine Zeiger
die Stunde
die Minute
die Sekunde
um zwei
halb vier

die Woche
der Montag
der Dienstag
der Mittwoch
der Donnerstag
der Freitag
der Samstag
der Sonntag

das Wochenende
der Feiertag
das Datum
nachher
vorher
seit
manchmal
häufig

Was meinst du: Ist es auf dem Bild Morgen oder Abend?

Kannst du schon die Uhr lesen? Versuche es mal: Der kleine Zeiger steht auf der zwei und der große Zeiger auf der zwölf. Wie spät ist es?

Wann wachst du morgens auf? Früher als deine Eltern oder auch manchmal später?

Kennst du schon die Tage der Woche? Zähle auf! Welcher Tag ist heute?

Maries und Oles Mama will etwas vorlesen. Was sollen Ole und Marie nach dem Vorlesen machen?

Überlege! Was machst du mit deinen Eltern am Wochenende besonders gern?

Überlege: Was machst du immer morgens? Erzähle!

Die Jahreszeiten

das Jahr
der Frühling
der Sommer
baden gehen
warm

der Herbst
der Winter

Schlitten fahren
kalt

wärmer werden
die Bäume blühen
Blumen pflücken
die Vögel zwitschern
Urlaub machen
kälter werden
Drachen steigen lassen

Kastanien sammeln

rodeln
Schlittschuh laufen
schlittern
der Schneemann
Schneeball werfen
wieder

der Kalender
die Jahreszeit
der Monat

der Januar
der Februar
der März
der April
der Mai
der Juni

der Juli
der August
der September
der Oktober
der November
der Dezember

Was machen die Kinder?

Wann blühen die Bäume? Was passiert noch im ... [Frühling]?

In welchem Monat hast du Geburtstag?

Legt einen Familienkalender an: Auf einem großen Wandkalender tragt ihr alles ein, was ihr als Familie zusammen machen wollt. Zum Beispiel Ausflüge, Geburtstage feiern, Freunde besuchen ...

Was kann man im Winter machen? Fällt dir noch etwas ein?

Überlege! Wann ist es draußen warm?

Weißt du schon, zu welcher Jahreszeit der Juli / der Oktober / der Dezember gehört?

Oles Geburtstag

Ole hat im Mai Geburtstag. Der Mai ist ein Monat im Frühling, hat Mama ihm erklärt. Und Frühling ist es, wenn die Vögel schon frühmorgens zwitschern und die Bäume blühen.

Kaum hört Ole den ersten Vogel draußen singen, fragt er: „Mama, in wie viel Tagen habe ich Geburtstag?“

„In einem Monat“, antwortet Mama. Und dann muss sie ihm erzählen, was sie an seinem Geburtstag machen werden: Morgens zünden sie eine Kerze an, singen ein Lied und er darf seine Geschenke auspacken. Mittags kommen seine Freunde zum Feiern und es gibt Kakao und Kuchen.

„Und abends bist du dann so müde“, sagt Mama

und lacht, „dass du ins  Bett fällst und schläfst.“

Irgendwann ist es nur noch eine Woche bis zu Oles Geburtstag. Und eines Morgens, als Ole gerade aufsteht und wieder fragt: „Mama, wann habe ich Geburtstag?“, da antwortet Mama: „Morgen hast du Geburtstag. Nur noch einmal schlafen.“

Da krabbelt Ole sofort wieder in sein  Bett und zieht sich die Decke über den  Kopf.

„Bist du noch müde?“, fragt Mama erstaunt.

„Ich schlafe ganz schnell noch mal“, murmelt Ole und kneift die  Augen zusammen. „Damit ich auch ganz schnell Geburtstag habe.“

das Land
anders
woanders
die Reise

ankommen
das Heimweh
andere Feste
anderes Essen
der Mensch
aussehen

komisch
neu
weggehen

die Landschaft
die Gegend
das Volk
eine andere Religion
fremd sein

gewohnt sein
gewöhnlich
ungewöhnlich
offen
höflich
herzlich
empfangen
verstehen
eine andere Sprache
das Wörterbuch

das Ausland
das Aussehen
der/die Einheimische
die Regierung
der Staat
der Krieg
der Frieden

Marie und Ole sind mit ihren Eltern in ein fremdes Land gereist. Was ist dort anders als bei uns?

Weißt du, in welchem Land Marie und Ole sind? Schau genau hin! [in Ägypten]

Sieh dir die Menschen an! Welche von ihnen sind dort zu Hause und welche sind nur zu Gast?

Welches Land möchtest du gerne kennenlernen? Warum?

Warst du schon einmal im Ausland? Wo? Was war dort fremd oder ungewöhnlich für dich?

Oles Mutter möchte etwas kaufen. Der Verkäufer spricht eine fremde Sprache. Was kann Oles Mama tun?

Was meinst du: Ist es an Maries Urlaubsort warm oder kalt? Warum?

die Sonne
der Mond

der Stern

die Erde
rund

das Weltall
der Planet
die Kugel
kreisen
der Vollmond
der Weltraum
das Raumschiff
die Rakete

der Norden
der Süden
der Westen
der Osten
die Insel
der Dschungel
der Urwald
die Wüste
der Vulkan

die Milchstraße
der Komet
das Sternbild
das Sternzeichen
das Teleskop
die Sonnen-
finsternis
der Satellit
die Raumstation

der Astronaut
der Raumanzug
schwerelos
der Globus
der Erdteil
Europa
Amerika
Afrika
Asien

Australien
der Ozean
der Nordpol
der Südpol
der Kompass
das Klima
das Erdbeben
die Katastrophe

Geh nach draußen und schau dir den Himmel an! Was siehst du am Tag und was in der Nacht?

Wo geht die Sonne auf? Wo geht die Sonne unter?

Was macht ein Astronaut? Wenn du es nicht weißt, frage deine Eltern.

Besuche doch mal zusammen mit deinen Eltern eine Sternwarte!

Wie kann der Mond aussehen? Male verschiedene Monde!

Warum gibt es auf der Erde Tag und Nacht? Lass es dir von deinen Eltern erklären.

Das Wörterbuch

Maries Familie macht eine Reise nach Ägypten. Ägypten ist ein Land, das liegt so weit weg, dass man mit dem  Flugzeug hinfliegen muss. Gestern sind sie angekommen. Heute ist Marie noch müde und hat auch ein bisschen Heimweh. Hier ist alles neu und ungewohnt. Im Ort auf dem Marktplatz wimmelt es von Menschen, die fremd aussehen. Und alle sprechen eine andere Sprache. Wie soll man denn da etwas einkaufen, wenn einen keiner versteht? Und dabei möchte Marie so gerne eine von den saftigen  Orangen essen!

„Das ist doch ganz einfach“, meint Papa.

„Man zeigt mit dem Finger auf die Orangen.“ „Und wie sage ich, wie viele Orangen ich will?“, fragt Marie.

„Das zeigst du auch mit dem Finger.“ Papa hält drei Finger hoch. „Das heißt: drei.“

„Und wenn du ein Pfund Orangen willst?“, fragt Mama.

Da ist Papa ratlos. Aber Mama lächelt und holt ein Buch aus ihrer Tasche. „Wir schlagen einfach hier im Wörter-Buch nach. Da steht drin, wie ein Wort in der anderen Sprache heißt.“

Und dann machen sie ein Spiel: Abwechselnd sagt jeder ein Wort und Mama übersetzt es mithilfe des Wörter-Buchs. Das macht so viel Spaß, dass Marie auf einmal gar kein Heimweh mehr hat.

da
hier
in
auf
unter
an

bei
mit
ohne
für

lang
kurz
rund
eckig

dort
nach
von
zu
bis
durch
gegen
um
ab

neben
vor
hinter
aus
über
unten
oben
draußen
drinnen

vorne
hinten
an der Seite
am Rand
in der Mitte
auf der Stelle

zwischen
krumm
gerade
eben
nirgends
überall

durcheinander
an dem Ort
eins
zwei
drei
vier

fünf
sechs
sieben
acht
neun
zehn

Wo ist Ole? Und sein Schnuffeltier?

Was ist alles eckig?

Ergänze: Marie ist unter den Tisch gekrochen. Jetzt ist sie unter … Ole ist in die Kiste gekrabbelt. Jetzt ist er in … Zeki ist auf den Stuhl geklettert. Jetzt steht er auf …

Verstecke deinen Teddy. Dein Mitspieler muss herausfinden, wo der Teddy ist. Dazu fragt er zum Beispiel: „Liegt der Teddy im Schrank?“ Du antwortest immer nur mit Ja oder Nein.

Siehst du Marie? Was macht sie denn da?

Ein schönes Durcheinander! Der Teddy sitzt auf dem Fußboden.
Der Apfel … Das Buch …
Der Schnürsenkel …

Was ist unter dem Stuhl?

Wie erwirbt ein Kind seine Sprache?

Kinder kommen mit der angeborenen Fähigkeit auf die Welt, Sprache zu erwerben. Damit sich die sprachlichen Fähigkeiten entwickeln können, gibt es einige wichtige Grundvoraussetzungen: Ein Kind muss hören, sehen, tasten, riechen, schmecken, greifen, begreifen, fühlen und sich bewegen können. Und – ein Kind muss seine Stimme kennen. So sind schon das erste Schreien und das spätere Lallen wesentliche Schritte hin zum gelungenen Sprechen.

Die wichtigste Voraussetzung aber ist: Kinder sind in ihrer Sprachentwicklung auf die positive Unterstützung ihrer Umwelt, also auf die liebevolle Zuwendung ihrer Eltern, Erzieher/-innen, Omas, Opas, Geschwister und Freunde angewiesen. Warum? Ohne die anderen macht das Sprechen keinen Sinn und erst recht keinen Spaß! Sich anderen mitteilen, seine Bedürfnisse verständlich machen, eigene Gefühle ausdrücken, von gestern und morgen erzählen, Fragen stellen und Antworten geben – das alles ist Sprechen.

Spielend leicht wirkt es, wenn Kinder ihre Sprache lernen. Erst Schreien, dann ein bisschen Lallen, dann die ersten Wörter, dann ganz viele Wörter und fertig! Nicht ganz: Ein Kind hat viel zu tun, wenn es dabei ist, seine Sprache zu erwerben; es muss erst einmal die Laute seiner Muttersprache erkennen und unterscheiden lernen. So klingen zum Beispiel ein **b** und ein **p** sehr ähnlich. Das Kind muss lernen, seinen Mund und seine Zunge so zu bewegen, dass Laute richtig geformt und damit richtig ausgesprochen werden.

Zusätzlich muss ein Kind seine Umwelt wahrnehmen und begreifen. Das Wort „Baum“ ergibt für uns erst einen Sinn, wenn wir wissen, was ein Baum ist, wie er aussieht, wie er sich anfühlt, wie er sich anhört, wie er riecht und wie seine Früchte schmecken. Kinder verstehen die Bedeutung von Wörtern, indem sie das, was Wörter benennen, mit allen Sinnen begreifen. Sie kennen die Bedeutung von bestimmten Wörtern meist schon lange, bevor sie diese Wörter selbst benutzen.

Und nun wird es noch einmal richtig spannend: Unsere Sprache besteht nämlich nicht nur aus Wörtern. Unsere Sprache gibt uns auch Regeln vor, wie wir Wörter zueinander in Beziehung setzen sollen. Warum heißt es bei uns beispielsweise „er geht" und nicht „er gehen"? Warum sagen wir: „Ich möchte mit dem Ball spielen" und nicht „Ich Ball mit dem spielen möchte"? Über das Wie und Warum zerbrechen sich Forscher/-innen noch heute den Kopf – klar ist aber, dass Kinder im Verlauf ihrer Sprachentwicklung solche Regeln ihrer Sprache nach und nach erwerben.

Dazu kommt noch etwas: Wenn wir miteinander sprechen, dann machen wir das nicht irgendwie. Auch für unser „Miteinandersprechen" haben wir Regeln. So wissen wir beispielsweise, wann uns jemand eine Frage stellt, weil sich am Ende des Fragesatzes die Stimme hebt. Auch wissen wir, wann uns jemand zu etwas auffordert, uns bittet oder uns etwas vorwirft – unter anderem deshalb, weil wir seine Mimik und Gestik deuten können.

Ein Kind leistet viel, wenn es seine Sprache lernt – aber es bringt auch schon viel mit auf die Welt, um für seinen Spracherwerb gerüstet zu sein. Es ahmt uns begeistert nach und verlangt nach Bestätigung. Ein Kind versucht ständig, mit uns zu kommunizieren, sich uns anzuvertrauen und sich auszudrücken. Es erwartet von uns Bestärkung und Lob. Und – es ist ungeheuer neugierig auf seine Welt und kommt so an seiner Sprache gar nicht vorbei.

Wie kann ich mein Kind in seiner Sprachentwicklung unterstützen?

Viele Eltern möchten die Sprachentwicklung ihres Kindes gern konstruktiv unterstützen. Deswegen haben wir hier ein paar allgemeine Hinweise für Sie zusammengestellt, die Ihnen dabei helfen, den Alltag mit Kindern sprachfördernd zu gestalten.

Sprechen soll Spaß machen

Nur wenn ein Kind Freude am Sprechen hat, spricht es auch. Wie selbstverständlich sollten Sprache und Sprechen den Alltag begleiten. Ein Kind kann zum Sprechen angeregt werden, indem ihm Fragen gestellt werden: „Was hast du heute im Kindergarten gemacht?" – „Warum siehst du so traurig aus?" – „Was wollen wir morgen gemeinsam unternehmen?" Andererseits ist es aber auch wichtig, ein Kind nicht zu überfordern, nicht mit Worten oder Fragen zu überhäufen, ihm genügend Freiraum für eigene Ideen und Äußerungen zu lassen.

Dem Kind ein Sprachvorbild sein

Sprachvorbild zu sein, bedeutet zunächst einmal, sich selbst beim Sprechen zu beobachten, sensibel für den eigenen Sprachgebrauch zu werden, einzuschätzen, ob man selbst eher ein Sprachmuffel oder Dauerredner ist. Es bedeutet auch, darauf zu achten, klar, verständlich und deutlich zu sprechen. Und man sollte seinen Gesprächspartner – und das kann natürlich auch ein Kind sein – aussprechen lassen, die Bedürfnisse seines Gesprächspartners erkennen und wenn möglich berücksichtigen.

Den Alltag sprachlich begleiten

Kinder haben die Aufgabe herauszufinden, was Wörter bedeuten und wie sie zu Sätzen zusammengefügt werden. Das können sie besonders gut, wenn Erwachsene ihre alltäglichen Handlungen sprachlich begleiten. Nicht stillschweigend vor sich hin leben, sondern benennen, was Sie gerade in der Hand haben, oder beschreiben, was Sie gerade tun oder wie Sie sich fühlen.

Zuhören können

Wirklich zuzuhören, ist eine hohe Kunst und wird meistens unterschätzt. Wie häufig erwischen wir uns selbst dabei, mit den Gedanken nicht bei unserem Gesprächspartner, sondern ganz woanders zu sein. Häufig neigen wir dazu, andere zu unterbrechen. Kinder brauchen oft etwas länger, um sprachlich auszudrücken, was sie sagen möchten. Geben Sie dem Kind diese Zeit. Lassen Sie Kinder ausreden, ermuntern Sie sie dazu weiterzusprechen – erst recht bei kleinen sprachlichen Missgeschicken –, und nehmen Sie ihnen das Reden nicht ab, indem Sie Sätze vorschnell selbst vervollständigen.

Sprachversuche annehmen

Kinder machen in ihren Sprachversuchen Fehler. Die Aussprache von Lauten ist anfangs nicht immer korrekt, sie verhaspeln sich, stottern, stellen Wörter im Satz nicht an ihren richtigen Platz, benutzen falsche Wortendungen. Fehler gehören zum Spracherwerb dazu und sind völlig normal. Natürlich kann ein Kind auch Schwierigkeiten mit dem Spracherwerb haben, dann braucht es vielleicht professionelle Unterstützung (siehe nächster Abschnitt: Beobachtungsbogen für Eltern). In jedem Fall ist es wichtig, ein Kind nicht unter Druck zu setzen oder ihm seine Fehler vorzuhalten. Vielmehr sollten Sie sich über die Sprachversuche des Kindes freuen.

Äußerungen verbessern

Natürlich können und sollen fehlerhafte Äußerungen der Kinder verbessert werden. Es kommt dabei aber darauf an, auf welche Art und Weise das Verbessern geschieht. Es hilft wenig, dem Kind zu sagen, dass es etwas falsch gesagt hat und es endlich richtig sagen soll. Es nützt häufig auch wenig, richtig vorzusagen und das Kind dann das Gesagte wiederholen zu lassen. Auch Vorwürfe sind hier eher kontraproduktiv. Sie führen nur dazu, dass Kinder vorzeitig ein Bewusstsein für ihr Fehlverhalten entwickeln und weitere Entwicklungsaufgaben entmutigt ablehnen. Hilfreich ist es für das Kind, wenn Sie die falsche oder noch nicht ganz richtige Aussage einfach nur annehmend richtig wiederholen und die Aussage dabei gegebenenfalls inhaltlich erweitern. Beispiel: Das Kind sagt: „Auto put dedannen." Und ein Erwachsener reagiert darauf: „Oh ja, tatsächlich, das Auto ist kaputtgegangen (Wiederholung). Schade! Komm, wir schauen, ob wir das Auto reparieren können" (Erweiterung).

Sich Zeit nehmen

Ganz grundsätzlich wird ein Kind in seiner Sprachentwicklung unterstützt, wenn Erwachsene sich für ihre Kinder Zeit nehmen. Gemeinsam den Alltag bewältigen und zusammen spielen, sollte selbstverständlich sein, ist es aber nicht. Das Berufsleben und die täglichen Verpflichtungen gehen häufig zulasten der Zeit, die Eltern mit Kindern verbringen. Umso wichtiger ist es, die verbleibende Zeit bewusst miteinander zu gestalten.

Die Sprachentwicklung meines Kindes – ein Beobachtungsbogen für Eltern

Der nachfolgende Beobachtungsbogen soll Ihnen dabei helfen, die sprachliche Entwicklung Ihres Kindes genauer einschätzen zu können. So wird es leichter für Sie, Fortschritte, aber auch mögliche Auffälligkeiten in der Sprachentwicklung zu erkennen.

In der folgenden Tabelle sind Beobachtungskriterien für die Bereiche Kommunikationsverhalten, Aussprache, Mundmotorik, Sprechgeschwindigkeit, Sprechrhythmus, Wortschatz, Grammatik und Stimme zusammengetragen. In den Feldern neben den Beobachtungskriterien haben Sie die Möglichkeit einzutragen, wann Sie Ihr Kind beobachtet haben (**beobachtet am**) und ob ein Aspekt beobachtbar war (**ja**) oder nicht (**nein**). Wenn Sie ein rot unterlegtes Feld ankreuzen, kann das ein Hinweis darauf sein, dass die Sprachentwicklung vom „normalen" Weg abweicht.

Der Beobachtungsbogen dient nicht zur Diagnostik einer Sprachentwicklungsstörung. Zur genaueren Abklärung der Sprachentwicklung sollten ein Arzt und Experten für die Sprachentwicklung (zum Beispiel Logopäden/-innen und Sprachheiltherapeuten/-innen) aufgesucht werden.

Was es zu beobachten gibt	beobachtet am	ja	nein
Zum Kommunikationsverhalten			
Das Kind hält im Gespräch Blickkontakt.			
Ihr Kind versucht sich eher durch Sprechen als durch Zeigen verständlich zu machen.			
Das Kind erkennt das Dialogprinzip: Ich spreche – du sprichst – ich spreche – du sprichst usw.			
Ihr Kind meidet Kommunikationssituationen. Es schweigt, weicht Fragen aus, lenkt von einem Gespräch ab.			
Das Kind verwendet oft Floskeln, die es immer wiederholt, z. B. „Weiß ich nicht.“			
Zur Aussprache			
Laute wie **g** und **k** werden richtig gebildet.			
Auch schwierige Laute wie **sch** und **s** werden mit 4 bis 5 Jahren richtig gebildet.			
Lautverbindungen wie **br, sp, kr, dr** werden richtig gebildet (ab 4 Jahren).			
Viele Laute werden gar nicht oder falsch gebildet.			
Das Kind lispelt: Bei der Bildung des Lautes **s** schaut die Zunge zwischen den Zähnen hervor.			

Was es zu beobachten gibt	beobachtet am	ja	nein
Zur Mundmotorik			
Ihr Kind kann mit einem Trinkhalm Flüssigkeit oder einen Papierschnipsel ansaugen.			
Das Kind kann einen Wattebausch oder eine Feder in eine gewünschte Richtung pusten.			
Ihr Kind hält den Mund meistens offen, es fließt Speichel aus dem Mund.			
Das Kind isst auffällig. Es kaut kaum, verschluckt sich häufig oder schluckt nicht ordentlich. Ihr Kind behält Essensreste in den Wangentaschen.			
Die Zunge rutscht teilweise beim Sprechen (zum Beispiel beim Laut l) zwischen die Zähne.			
Zur Sprechgeschwindigkeit			
Sie haben das Gefühl, dass Ihr Kind zu schnell oder zu langsam spricht.			
Beim Sprechen verhaspelt sich Ihr Kind häufig und es verschluckt Wortendungen.			
Zum Sprechrhythmus			
Der Sprechrhythmus wirkt monoton.			
Das Kind stottert, spricht nicht flüssig und macht kaum Sprechpausen. Es wiederholt eher Silben (Bebebebesuchst du uns bababald wieder?) und Laute (Bbbbbbhhesuchst du uns bbbbbbbald mal?) statt ganze Wörter (Am am am …).			

Was es zu beobachten gibt **Zum Wortschatz**	beobachtet am	ja	nein
Das Kind sagt zunehmend Zweiwortsätze (ab ca. 1,5 Jahren).			
Das Kind lernt fast jeden Tag neue Wörter und spricht Drei- und Mehrwortsätze (ab ca. 2 Jahren).			
Das Kind benutzt einfache Nomen (das Haus, der Fisch …) (ab ca. 1 Jahr) und zusammengesetzte Nomen (der Apfelbaum, die Nuckelflasche) (ab ca. 2 Jahren).			
Das Kind benutzt Verben (laufen, gehen …) (ab ca. 1 Jahr).			
Das Kind benutzt Adjektive (weich, klein …), Präpositionen (vor, unten, zwischen …) und Adverbien (Draußen ist es dunkel.).			
Das Kind hat einen geringen Wortschatz, benutzt selten Verben, Adjektive oder Adverbien.			
Das Kind benutzt fast ausschließlich die Verben „machen“ und „tun“.			
Das Kind benutzt auffallend häufig Allzweckwörter (das Dingsbums).			

Was es zu beobachten gibt	beobachtet am	ja	nein
Zur Grammatik			
Das Kind setzt das Verb in Beziehung zum Subjekt (statt er gehen sagt das Kind korrekt er geht) (ab ca. 2 bis 2,5 Jahren).			
Das Kind benutzt die „du-Form" (du gehst) (ab ca. 2,5 Jahren).			
Das Kind benutzt verschiedene Zeitformen (er hüpft, er ist gehüpft) (ab ca. 2,5 Jahren).			
Das Kind benutzt die Mehrzahl (Hund – Hunde, Buch – Bücher, Hase – Hasen).			
Das Kind benutzt den 4. Fall (Er packt das Buch in den Rucksack.) (ab ca. 3,5 Jahren).			
Das Kind benutzt den 3. Fall (Er nimmt das Buch aus dem Rucksack.) (ab ca. 4 Jahren).			
Das Kind benutzt statt der Artikel „der, die, das" eine „Platzhalterform" wie z. B. „de".			
Das Kind bildet noch mit 3 Jahren nur sehr einfache und kurze Sätze.			
Das Kind lässt notwendige Satzteile weg, die Sätze bleiben unvollständig: [Der Hund] (Subjekt) [beißt] (Verb) [den Mann] (Objekt).			
Das Kind lässt notwendige Artikel weg (Ich fahre mit [...] Bus.).			

Was es zu beobachten gibt	beobachtet am	ja	nein
Das Kind stellt das gebeugte Verb an das Ende des Satzes und nicht an die zweite Position (Das Kind […] mit Ball spielt.).			
Das Kind setzt die Verneinung (nicht und kein) an die falsche Stelle im Satz (Ich nicht habe […] gegessen.).			
Zur Stimme			
Das Kind ist häufig heiser. Die Stimme klingt piepsig, zu hoch, gehaucht oder gepresst.			